2019
中国妇女儿童状况统计资料

国家统计局社会科技和文化产业统计司 编

中国统计出版社
China Statistics Press

图书在版编目（CIP）数据

中国妇女儿童状况统计资料．2019 / 国家统计局社会科技和文化产业统计司编．－－北京：中国统计出版社，2020.3

ISBN 978-7-5037-9130-7

Ⅰ．①中… Ⅱ．①国… Ⅲ．①妇女工作－统计资料－中国－2019②少年儿童－工作－统计资料－中国－2019 Ⅳ．①D442.6②D432.5

中国版本图书馆 CIP 数据核字（2020）第 023674 号

中国妇女儿童状况统计资料－2019

作　　者／国家统计局社会科技和文化产业统计司
责任编辑／徐　涛
封面设计／黄　晨　李雪燕
出版发行／中国统计出版社
通信地址／北京市丰台区西三环南路甲 6 号　邮政编码／100073
电　　话／邮购（010）63376909　书店（010）68783171
网　　址／http://www.zgtjcbs.com
印　　刷／中煤（北京）印务有限公司
经　　销／新华书店
开　　本／880mm×1230mm　1/32
字　　数／164 千字
印　　张／5.125
版　　别／2020 年 3 月第 1 版
版　　次／2020 年 3 月第 1 次印刷
定　　价／80.00 元

版权所有．未经许可，本书的任何部分不得以任何方式在世界任何地区以任何文字翻印、拷贝、仿制或转载。
如有印装差错，由本社发行部调换。

《中国妇女儿童状况统计资料－2019》
编辑部

总 编 辑：万东华　　王卫国
副总编辑：肖　丽
编辑人员：张　鹏　　宋　巍　　胡道华　　李媛媛
　　　　　马　剑　　芦庆辉　　郝　钢　　孙慧琳
　　　　　马　静　　陈小景　　刘　丹　　宫　军
　　　　　汪习文　　亢　博　　缪之文　　曹　千
　　　　　李学伟　　张春梅　　张龙龙　　杨莹瑛
　　　　　张　钧
执行编辑：徐建琳
责任编辑：徐　涛

合作单位：国务院妇女儿童工作委员会办公室

本书的出版得到了联合国人口基金驻华代表处和联合国儿童基金会驻华办事处的大力支持，谨此致谢。

说 明

一、《中国妇女儿童状况统计资料-2019》是一本全面反映中国妇女儿童发展现状的综合性统计资料年刊。年刊汇集了2018年中国妇女儿童事业发展情况的相关数据以及2010年以来主要年份的相关数据。

二、本年刊内容包括人口与经济、卫生保健、教育、就业与社会保障、社会服务、社会参与、科技、体育、法律保护、社会和生活环境以及分地区统计资料。年刊后附有主要统计指标解释。

三、年刊资料主要来源于各相关部门的统计年报和统计年鉴、国家统计局相关统计资料，以及相关的专项调查统计资料。

四、年刊涉及的各项统计数据除森林资源外均未包括香港、澳门特别行政区和台湾省数据。

五、年刊中部分数据合计数或相对数由于计量单位取舍不同可能会产生计算误差，均未作机械调整；"#"表示其中主要项；"空格"表示数据不详或没有数据；"…"表示数据不足该表最小单位。

六、年刊的出版得到了国务院妇女儿童工作委员会办公室、最高人民法院、最高人民检察院、教育部、公安部、民政部、司法部、人力资源和社会保障部、水利部、文化和旅游部、国家卫生健康委员会、国家医疗保障局、国家新闻出版署、国家广播电视总局、国家体育总局、中华全国总工会、中华全国妇女联合会、中国科学技术协会、中国残疾人联合会以及统战部等部门的大力支持，在此一并表示感谢！

数字可以给言辞以相当大的力量
——改变政策进而改变世界的力量

——摘自联合国《1970–1990年世界妇女状况》

目 录

一、人口与经济

表 1.1	人口数及其构成	2
表 1.2	人口自然变动情况	2
表 1.3	2018 年按年龄分人口数及性别构成	3
表 1.4	平均预期寿命	4
表 1.5	人口性别比、平均家庭户规模和少儿抚养比	4
表 1.6	全国儿童人数及占总人口比重	5
图 1.1	全国 0-17 岁儿童性别比	5
图 1.2	全国儿童规模变化趋势	6
图 1.3	流动、留守儿童人口规模	6
表 1.7	国内生产总值及指数	7
表 1.8	居民人均收支情况	7
表 1.9	农村居民贫困状况	8
表 1.10	一般公共预算收支总额	9
图 1.4	一般公共预算收支增长速度	9
表 1.11	卫生总费用	10
表 1.12	教育经费情况	10

二、卫生保健

表 2.1	全国妇幼保健机构基本情况	12
表 2.2	监测地区新生儿死亡率	13
表 2.3	监测地区婴儿死亡率	13
表 2.4	监测地区 5 岁以下儿童死亡率	14
表 2.5	监测地区孕产妇死亡率	14
表 2.6	新法接生率及住院分娩率	15
图 2.1	18 岁以下儿童伤害死亡率	15
表 2.7	儿童健康情况	16

图 2.2	2018年国家免疫规划疫苗接种率	16
表 2.8	妇女保健情况	17
表 2.9	妇女常见病筛查中患病率情况	17
表 2.10	孕产妇保健情况	18
表 2.11	2018年监测地区孕产妇死亡主要原因构成	18
表 2.12	2018年居民前十位疾病死因构成	19
表 2.13	婚前医学检查情况	20
表 2.14	计划生育手术情况	20

三、教育

表 3.1	全国各级各类学校数	22
表 3.2	各级学校生师比	22
表 3.3	全国各级教育入学率及升学率	23
表 3.4	2018年各级各类学校教职工人数及性别构成	24
表 3.5	2018年普通高校专任教师按学历、年龄分人数及性别构成	26
表 3.6	2018年普通高校专任教师构成按授课内容分人数及性别构成	27
表 3.7	2018年普通高校专任教师按未任课原因分人数及性别构成	27
表 3.8	2018年普通高中专任教师按学历、职称分人数及性别构成	28
表 3.9	2018年初中专任教师按学历、职称分人数及性别构成	29
表 3.10	2018年普通小学专任教师按学历、职称分人数及性别构成	30
表 3.11	2018年特殊教育专任教师按学历、职称分人数及性别构成	31
表 3.12	2018年各级各类学校在校学生数及性别构成	32
表 3.13	2018年研究生在校生人数及性别构成	33
表 3.14	2018年普通本专科在校学生数及性别构成	33
图 3.1	2018年成人本专科在校学生数	34
图 3.2	2018年网络本专科在校学生数	34

表 3.15　2018 年高中阶段教育在校生人数及性别构成 ……… 35
表 3.16　2018 年义务教育阶段在校生人数及性别构成 ……… 35
表 3.17　2018 年 6 岁及以上人口受教育程度及性别构成 …… 36
表 3.18　分性别文盲人口占 15 岁及以上人口的比重 ………… 36
表 3.19　2018 年进城务工人员随迁子女义务教育阶段
　　　　 在校情况及性别构成 …………………………………… 37
表 3.20　全国 6-17 岁儿童在校率 ………………………………… 38
表 3.21　2015 年 6-17 岁儿童分城乡在校率 …………………… 38
表 3.22　全国 6-17 岁儿童未按规定接受或完成义务教育
　　　　 的比重 …………………………………………………… 39
表 2.23　各类家长学校情况 ……………………………………… 39
图 3.3 　义务教育阶段在校残疾学生数 ………………………… 40
表 3.24　助学项目资助的残疾儿童人数及性别构成 …………… 40

四、就业与社会保障

表 4.1 　就业人员及性别构成 …………………………………… 42
表 4.2 　城镇单位就业人员及性别构成 ………………………… 42
表 4.3 　城镇登记失业人员、性别构成及城镇登记失业率 …… 43
表 4.4 　城镇职工基本养老保险参保人数及性别构成 ………… 43
表 4.5 　2018 年城乡居民基本养老保险参保人数及性别构成 … 44
表 4.6 　城镇职工基本医疗保险参保人数及性别构成 ………… 44
表 4.7 　城乡居民基本医疗保险参保人数及性别构成 ………… 45
表 4.8 　失业保险参保人数及性别构成 ………………………… 45
表 4.9 　工伤保险参保人数及性别构成 ………………………… 46
表 4.10　生育保险参保人数及性别构成 ………………………… 46
图 4.1 　16-17 周岁儿童劳动参与率，2000 年、2010 年
　　　　 和 2015 年 ……………………………………………… 47
表 4.11　由就业培训中心和民办职业培训机构举办的职业技能
　　　　 培训人数及性别构成 …………………………………… 47
图 4.2 　人力资源和社会保障部门查处违反女职工和
　　　　 未成年工特殊保护规定案件数 ………………………… 48
图 4.3 　执行了《女职工劳动保护特别规定》的企业比重 …… 48

五、社会服务

表 5.1　城乡居民最低生活保障人数 ·················· 50
表 5.2　城乡居民最低生活保障平均标准 ·············· 50
表 5.3　农村特困人员人数及性别构成 ················ 51
图 5.1　农村特困人员中未成年人数 ·················· 51
表 5.4　提供住宿的民政服务机构情况 ················ 52
表 5.5　社区服务建设 ······························ 52
表 5.6　家庭收养儿童情况 ·························· 53
表 5.7　孤儿总数 ·································· 54
表 5.8　被家庭收养的女童及残疾儿童数 ·············· 54
表 5.9　生活无着人员救助管理站基本情况 ············ 55
表 5.10　未成年人救助保护中心基本情况 ············· 55
表 5.11　残疾人事业专项彩票公益金助学项目资助 3-5 岁
　　　　儿童人数 ································ 56
图 5.2　开展残疾儿童康复的残疾人康复机构 ·········· 56
图 5.3　2018 年接受基本康复服务的 0-6 岁残疾儿童数 ··· 57
表 5.12　结婚登记人口婚姻状况 ····················· 57
表 5.13　结婚登记情况 ····························· 58
表 5.14　离婚情况 ································· 58

六、社会参与

表 6.1　历届全国人民代表大会代表人数及性别构成 ······ 60
图 6.1　第九至十三届全国人大女常委比例 ············· 60
表 6.2　历届全国政协委员人数及性别构成 ············· 61
图 6.2　第九至十三届全国政协女常委比例 ············· 61
表 6.3　中国共产党党员人数及性别构成 ··············· 62
表 6.4　中国共产党第十七至十九届代表大会代表人数及
　　　　性别构成 ································ 62
表 6.5　中国共产党代表大会中央委员会委员人数及性别构成 ··· 63
表 6.6　中国共产党第十七至十九届中央政治局委员人数及
　　　　性别构成 ································ 64
表 6.7　中国共产党代表大会中央纪律委员会委员人数及
　　　　性别构成 ································ 64

表 6.8　2016 年各民主党派人数及性别构成 …………………… 65
表 6.9　2016 年各民主党派中央委员人数及性别构成 ………… 65
表 6.10　工会会员人数及性别构成 ……………………………… 66
表 6.11　职工代表人数及性别构成 ……………………………… 66
表 6.12　企业职工代表大会、董事会、监事会中女性
　　　　 代表比重 ………………………………………………… 67
表 6.13　社会组织中女性比重 …………………………………… 67
表 6.14　基层群众组织中女性比重 ……………………………… 68
表 6.15　村委会选举情况 ………………………………………… 68

七、科技

表 7.1　中国两院院士人数及性别构成 …………………………… 70
图 7.1　中国科学院女院士学部分布情况 ………………………… 71
图 7.2　中国工程院女院士学部分布情况 ………………………… 71
图 7.3　2018 年按专业技术职务分组的专业技术人员
　　　　性别构成 …………………………………………………… 72
表 7.2　研究与试验发展（R&D）人员及性别构成 ……………… 72
表 7.3　2018 年规模以上工业企业 R&D 人员及性别构成 ……… 73
表 7.4　2018 年研究与开发机构 R&D 人员及性别构成 ………… 74
表 7.5　2018 年按执行部门分 R&D 人员及性别构成 …………… 75
表 7.6　科协有关人员情况 ………………………………………… 75
表 7.7　受表彰奖励科技人员及性别构成 ………………………… 76
表 7.8　青少年科技教育普及情况 ………………………………… 76

八、体育

表 8.1　2017 年分等级教练员发展人数及性别构成 ……………… 78
表 8.2　2018 年分技术等级运动员发展人数及性别构成 ………… 78
表 8.3　2016 年里约奥运会中国运动员获奖牌情况 ……………… 79
表 8.4　2016 年里约奥运会中国运动员获奖牌人次 ……………… 79
表 8.5　中国参加历届奥运会获金牌数 …………………………… 80
表 8.6　中国参加历届奥运会获金牌人数 ………………………… 80
表 8.7　2013 年全国各系统体育场地数量及面积情况 …………… 81
表 8.8　少儿体育运动学校数 ……………………………………… 81

图 8.1　6—19 岁儿童青少年参加体育健身活动参与形式 …… 82
图 8.2　6—19 岁儿童青少年不愿参加体育锻炼的原因 ……… 82

九、法律保护

表 9.1　2018 年人民检察院检察官人数及性别构成………… 84
表 9.2　全国律师人数及性别构成…………………………… 84
表 9.3　全国法官人数及建立少年法庭数…………………… 85
表 9.4　全国人民陪审员人数及性别构成…………………… 85
表 9.5　公安机关破获各种侵害妇女儿童案件数…………… 86
表 9.6　在押服刑人员人数…………………………………… 86
表 9.7　公安机关强奸案件、拐卖妇女儿童案件立案数…… 87
表 9.8　刑事犯罪受害人性别构成及 14 岁以下儿童
　　　　所占比重…………………………………………… 87
图 9.1　青少年作案成员占全部作案人员的比重…………… 88
表 9.9　审查批捕、起诉未成年人犯罪案件情况…………… 88
图 9.2　各级人民法院判决生效的刑事案件中女性
　　　　罪犯所占比重………………………………………… 89
表 9.10　各级人民法院判决生效的刑事案件中青少年罪犯
　　　　 所占比重……………………………………………… 89
表 9.11　2018 年全国法院判处女性犯罪案件情况…………… 90
表 9.12　法律援助机构数及获得法律援助的受援人数……… 92
图 9.3　为妇女儿童提供信访、热线咨询服务数…………… 92

十、社会和生活环境

表 10.1　森林资源情况……………………………………… 94
表 10.2　人均水资源量及人均用水量……………………… 94
表 10.3　城市环境情况……………………………………… 95
表 10.4　农村改厕情况和农村集中式供水受益人口比重 …… 95
表 10.5　全国少儿图书馆、博物馆基本情况……………… 96
表 10.6　公共图书馆中少儿阅览室坐席数及少儿文献…… 96
表 10.7　全国儿童出版物情况……………………………… 97
表 10.8　全国广播、电视综合人口覆盖率………………… 97
表 10.9　少儿广播电视节目播出时间……………………… 98

表 10.10 各级表彰或揭晓的五好家庭和"最美家庭"数 …… 98

十一、分地区统计资料

表 11.1	2018 年年末人口情况	100
表 11.2	2018 年人口数及性别构成	101
表 11.3	2018 年分年龄人口数	102
表 11.4	2018 年平均家庭户规模及抚养比	103
表 11.5	2018 年居民人均可支配收入	104
表 11.6	2018 年分性别小学学龄儿童净入学率	105
表 11.7	2018 年各级学校生师比	106
表 11.8	2018 年每十万人口各级学校平均在校生数	107
表 11.9	2018 年文盲人口占 15 岁及以上人口的比重	108
表 11.10	2018 年城镇职工基本养老保险参保人数及性别构成	109
表 11.11	2018 年城乡居民基本养老保险参保人数及性别构成	110
表 11.12	2018 年城镇职工基本医疗保险参保人数及性别构成	111
表 11.13	2018 年失业保险参保人数及性别构成	112
表 11.14	2018 年工伤保险参保人数及性别构成	113
表 11.15	2018 年生育保险参保人数及性别构成	114
表 11.16	2018 年就业困难人员实现就业人数及性别构成	115
表 11.17	2018 年提供住宿的民政服务机构基本情况	116
表 11.18	2018 年城市居民最低生活保障人数及性别构成	118
表 11.19	2018 年农村居民最低生活保障人数及性别构成	119
表 11.20	2018 年城乡居民最低生活保障平均标准	120
表 11.21	2018 年农村特困人员人数及性别构成	121
表 11.22	2018 年社区服务机构和设施基本情况	122
表 11.23	2018 年结婚登记情况	123
表 11.24	2018 年分年龄组结婚登记人数	124
表 11.25	2018 年离婚情况	125
表 11.26	2018 年社会组织和群众性自治组织中女性比重	126
表 11.27	2018 年 R&D 人员及性别构成	128

表11.28	2017年教练员发展人数及性别构成	129
表11.29	2018年律师人数及性别构成	130
表11.30	2018年公证员人数及性别构成	131
表11.31	2018年法律援助机构数及获得法律援助的受援人数	132
表11.32	2018年少儿广播电视节目播出时间	133
表11.33	2018年农村集中式供水受益人口比重及人均水资源量	134
表11.34	2018年公共图书馆基本情况	135
表11.35	2018年全国文化馆、博物馆个数及未成年人参观情况	136
表11.36	2018年全国妇女之家及儿童之家个数	137
表11.37	2018年各级表彰或揭晓的五好家庭、三八红旗手和"最美家庭"数	138
表11.38	2018年全国已办理证件残疾人人数及性别构成	139
表11.39	2018年接受残疾人事业专项彩票公益金助学项目资助的3-5岁人数	140
表11.40	2018年接受助学项目资助的3-5岁儿童残疾类别	141
附：主要统计指标解释		142

一、人口与经济

表1.1 人口数及其构成

	2017年		2018年	
	人口数(万人)	比重(%)	人口数(万人)	比重(%)
合　计	139008	100.0	139538	100.0
城镇	81347	58.5	83137	59.6
乡村	57661	41.5	56401	40.4
男性	71137	51.2	71351	51.1
女性	67871	48.8	68187	48.9
0—15岁	24719	17.8	24860	17.8
16—59岁	90199	64.9	89729	64.3
60岁及以上	24090	17.3	24949	17.9
#65岁及以上	15831	11.4	16658	11.9

资料来源:根据国家统计局人口变动情况抽样调查资料推算。

表1.2 人口自然变动情况

年份	年末总人口(万人)	出生率(‰)	死亡率(‰)	自然增长率(‰)
2010	134091	11.90	7.11	4.79
2011	134735	11.93	7.14	4.79
2012	135404	12.10	7.15	4.95
2013	136072	12.08	7.16	4.92
2014	136782	12.37	7.16	5.21
2015	137462	12.07	7.11	4.96
2016	138271	12.95	7.09	5.86
2017	139008	12.43	7.11	5.32
2018	139538	10.94	7.13	3.81

资料来源:国家统计局,《2019中国统计年鉴》。

表1.3　2018年按年龄分人口数及性别构成

年　龄	样本人口数（人）	#女	性别构成(%)	
			男	女
合　计	1144648	559349	51.1	48.9
0—4	67393	31506	53.3	46.7
5—9	63322	29043	54.1	45.9
10—14	62248	28473	54.3	45.7
15—19	58258	26706	54.2	45.8
20—24	68050	31965	53.0	47.0
25—29	92977	45268	51.3	48.7
30—34	93201	46358	50.3	49.7
35—39	81886	40370	50.7	49.3
40—44	83574	41017	50.9	49.1
45—49	102384	50276	50.9	49.1
50—54	96850	47911	50.5	49.5
55—59	69844	34636	50.4	49.6
60—64	68014	33923	50.1	49.9
65—69	54799	27825	49.2	50.8
70—74	34810	17905	48.6	51.4
75—79	22799	12054	47.1	52.9
80—84	14845	8389	43.5	56.5
85—89	6902	4033	41.6	58.4
90—94	2031	1365	32.8	67.2
95+	458	327	28.6	71.4

资料来源:国家统计局,2018年全国人口变动情况抽样调查样本数据,抽样比为0.820‰。

表1.4 平均预期寿命

单位：岁

年份	合计	男	女	女性−男性
1981	67.77	66.28	69.27	2.99
1990	68.55	66.84	70.47	3.63
2000	71.40	69.63	73.33	3.70
2005	72.95	70.83	75.25	4.42
2010	74.83	72.38	77.37	4.99
2015	76.34	73.64	79.43	5.79

资料来源：根据国家统计局全国人口普查及人口变动情况抽样调查数据推算。

表1.5 人口性别比、平均家庭户规模和少儿抚养比

年份	人口性别比（女=100）		平均家庭户规模（人/户）	少儿抚养比（%）
	出生人口性别比	总人口性别比		
2010	117.9	105.20	3.10	22.27
2011	117.8	105.18	3.03	22.10
2012	117.7	105.12	3.02	22.20
2013	117.6	105.10	2.98	22.20
2014	115.9	105.06	2.97	22.45
2015	113.5	105.02	3.10	22.63
2016	113.4	104.98	3.11	22.95
2017	111.9	104.81	3.03	23.39
2018		104.64	3.00	23.68

资料来源：根据国家统计局全国人口普查及人口变动情况抽样调查数据推算。

表1.6　全国儿童人数及占总人口比重

	2010年		2015年	
	人数（亿人）	比重（%）	人数（亿人）	比重（%）
总人口	13.41	100.0	13.75	100.0
#儿童	2.79	20.9	2.71	19.7
男童	1.50	11.2	1.47	10.7
女童	1.29	9.7	1.24	9.0

数据来源：2010年数据取自国家统计局，《中国2010年人口普查资料》，2015年数据取自国家统计局、联合国儿童基金会、联合国人口基金，《2015年中国儿童人口状况：事实与数据》，2017年。

图1.1　全国0—17岁儿童性别比（女=100）

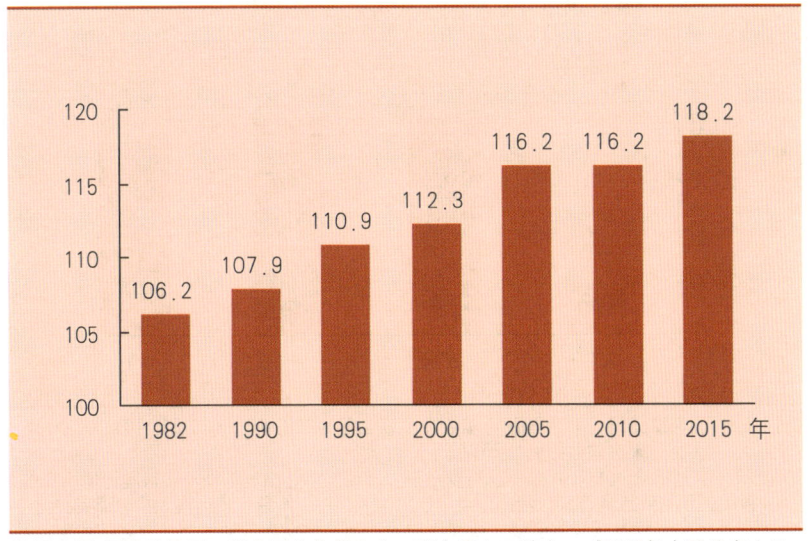

数据来源：国家统计局、联合国儿童基金会、联合国人口基金，《2015年中国儿童人口状况：事实与数据》，2017年。

图1.2 全国儿童人口规模变化趋势（0–17周岁）

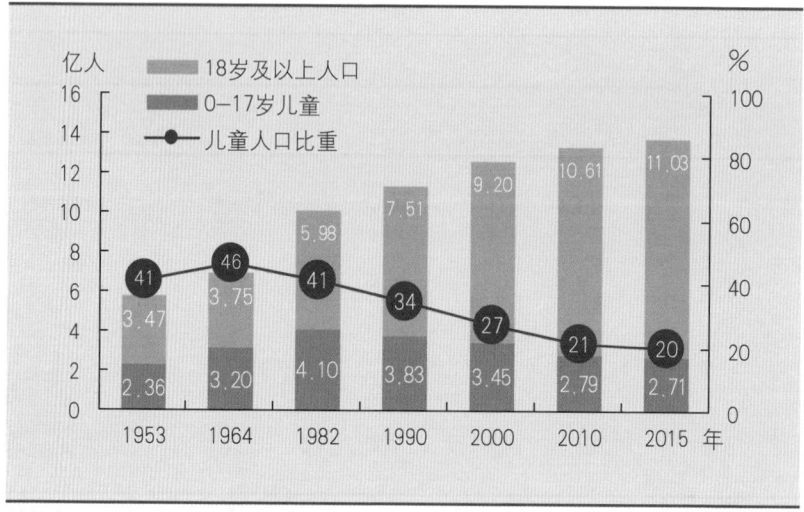

数据来源：国家统计局、联合国儿童基金会、联合国人口基金，《2015年中国儿童人口状况：事实与数据》，2017年。

图1.3 流动、留守儿童人口规模

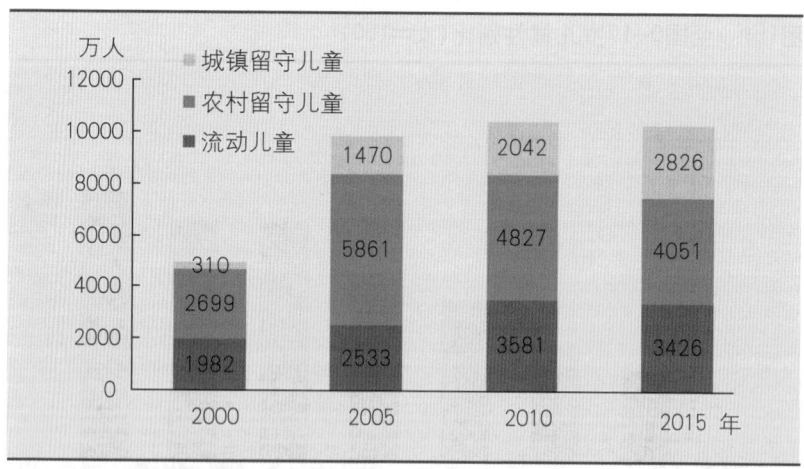

数据来源：国家统计局、联合国儿童基金会、联合国人口基金，《2015年中国儿童人口状况：事实与数据》，2017年。

注：流动儿童是指流动人口中的0–17周岁儿童。流动人口是指居住地与户口登记地所在的乡镇街道不一致且离开户口登记地半年以上的人口中，扣除市辖区内人户分离者。留守儿童是指父母双方或一方流动，留在原籍不能与父母双方共同生活在一起的儿童。其中，农村留守儿童是指留守儿童中户籍所在地为农村的儿童，城镇留守儿童是指留守儿童中户籍所在地为城镇的儿童。

表1.7 国内生产总值及指数

年 份	国内生产总值(GDP)		人均国内生产总值	
	绝对数 (亿元)	指数 (上年=100)	绝对数 (元)	指数 (上年=100)
2010	412119.3	110.6	30808	110.1
2011	487940.2	109.6	36302	109.0
2012	538580.0	107.9	39874	107.3
2013	592963.2	107.8	43684	107.2
2014	641280.6	107.3	47005	106.8
2015	685992.9	106.9	50028	106.4
2016	740060.8	106.7	53680	106.2
2017	820754.3	106.8	59201	106.2
2018	900309.5	106.6	64644	106.1

资料来源:国家统计局,《2019中国统计年鉴》。
注:1.绝对数按当年价格计算,指数按不变价格计算。
　　2.各年度GDP数据有系统修订。

表1.8 居民人均收支情况

单位:元

年 份	居民人均可支配收入			居民人均消费支出		
	合计	城镇	农村	合计	城镇	农村
2013	18310.8	26467.0	9429.6	13220.4	18487.5	7485.1
2014	20167.1	28843.9	10488.9	14491.4	19968.1	8382.6
2015	21966.2	31194.8	11421.7	15712.4	21392.4	9222.6
2016	23821.0	33616.2	12363.4	17110.7	23078.9	10129.8
2017	25973.8	36396.2	13432.4	18322.1	24445.0	10954.5
2018	28228.0	39250.8	14617.0	19853.1	26112.3	12124.3

资料来源:国家统计局,《2019中国统计年鉴》。

表1.9 农村居民贫困状况（按2010年标准）

年 份	贫困人口（万人）	贫困发生率（％）
1978	77039	97.5
1980	76542	96.2
1985	66101	78.3
1990	65849	73.5
1995	55463	60.5
2000	46224	49.8
2005	28662	30.2
2010	16567	17.2
2011	12238	12.7
2012	9899	10.2
2013	8249	8.5
2014	7017	7.2
2015	5575	5.7
2016	4335	4.5
2017	3046	3.1
2018	1660	1.7

资料来源：国家统计局，《2019中国统计年鉴》。

表1.10　一般公共预算收支总额

单位：亿元

年份	一般公共预算收入	中央	地方	一般公共预算支出	中央	地方
2010	83101.5	42488.5	40613.0	89874.2	15989.7	73884.4
2011	103874.4	51327.3	52547.1	109247.8	16514.1	92733.7
2012	117253.5	56175.2	61078.3	125953.0	18764.6	107188.3
2013	129209.6	60198.5	69011.2	140212.1	20471.8	119740.3
2014	140370.0	64493.5	75876.6	151785.6	22570.1	129215.5
2015	152269.2	69267.2	83002.0	175877.8	25542.2	150335.6
2016	159605.0	72365.6	87239.4	187755.2	27403.9	160351.4
2017	172592.8	81123.4	91469.4	203085.5	29857.2	173228.3
2018	183359.8	85456.5	97903.4	220904.1	32707.8	188196.3

资料来源：国家统计局，《2019中国统计年鉴》。

注：1．一般公共预算收入中不包括国内外债务收入。
　　2．一般公共预算支出中包括国内外债务付息支出。

图1.4　一般公共预算收支增长速度

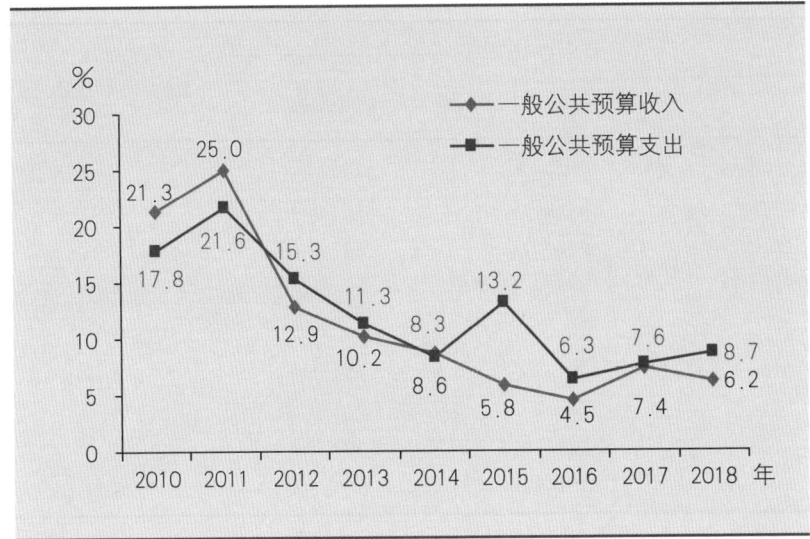

资料来源：国家统计局，《2019中国统计年鉴》。

表1.11 卫生总费用

单位：亿元

年 份	合计	政府卫生支出	社会卫生支出	个人卫生支出	卫生总费用与GDP之比（%）
2010	19980.4	5732.5	7196.6	7051.3	4.84
2011	24345.9	7464.2	8416.5	8465.3	4.98
2012	28119.0	8432.0	10030.7	9656.3	5.20
2013	31669.0	9545.8	11393.8	10729.3	5.32
2014	35312.4	10579.2	13437.8	11295.4	5.48
2015	40974.6	12475.3	16506.7	11992.7	5.95
2016	46344.9	13910.3	19096.7	13337.9	6.23
2017	52598.3	15205.9	22258.8	15133.6	6.36
2018	59121.9	16399.1	25810.8	16912.0	6.57

资料来源：国家卫生健康委员会。
注：本表系按当年价格核算数，2018为初步测算数。

表1.12 教育经费情况

年 份	教育经费总投入（亿元）	#国家财政性教育经费	国家财政性教育经费与GDP之比（%）
2010	19561.9	14670.1	3.65
2011	23869.3	18586.7	3.93
2012	28655.3	23147.6	4.28
2013	30364.7	24488.2	4.16
2014	32806.5	26420.6	4.10
2015	36129.2	29221.5	4.26
2016	38888.4	31396.3	4.22
2017	42562.0	34207.8	4.14
2018	46143.0	36995.8	4.11

资料来源：教育部，历年全国教育经费执行情况统计公告。

二、卫生保健

表2.1 全国妇幼保健机构基本情况

年份	妇幼保健院(所、站)			
	机构数 (个)	床位数 (张)	诊疗人次 (万人次)	#妇幼保健院
2010	3025	134364	15967.3	14224.8
2011	3036	145866	17568.9	15673.9
2012	3044	161560	20148.1	18150.7
2013	3144	175476	21508.1	19432.0
2014	3098	184815	23229.2	21105.5
2015	3078	195352	23529.1	21472.4
2016	3063	206538	26400.6	24280.4
2017	3077	221136	28370.3	26341.1
2018	3080	232848	29246.5	27331.1

资料来源:国家卫生健康委员会。

表2.1 续表

年份	儿童医院		妇产(科)医院	
	机构数 (个)	床位数 (张)	机构数 (个)	床位数 (张)
2010	72	24582	398	26453
2011	79	25690	442	29545
2012	89	28273	495	32902
2013	96	30961	558	37693
2014	99	33819	622	43707
2015	114	37479	703	50698
2016	117	38148	757	57087
2017	117	40218	773	60364
2018	129	42725	807	62267

表2.2　监测地区新生儿死亡率

单位：‰

年　份	合计	城市	农村
2010	8.3	4.1	10.0
2011	7.8	4.0	9.4
2012	6.9	3.9	8.1
2013	6.3	3.7	7.3
2014	5.9	3.5	6.9
2015	5.4	3.3	6.4
2016	4.9	2.9	5.7
2017	4.5	2.6	5.3
2018	3.9	2.2	4.7

资料来源：国家卫生健康委员会。
注：城市包括直辖市区和地级市辖区，农村包括县及县级市。下同。

表2.3　监测地区婴儿死亡率

单位：‰

年　份	合计	城市	农村	东部	中部	西部
2010	13.1	5.8	16.1	7.4	11.3	16.8
2011	12.1	5.8	14.7	6.2	10.8	16.8
2012	10.3	5.2	12.4	5.7	8.7	14.8
2013	9.5	5.2	11.3	5.3	7.2	14.4
2014	8.9	4.8	10.7	4.2	6.4	13.5
2015	8.1	4.7	9.6			
2016	7.5	4.2	9.0	3.6	5.9	11.3
2017	6.8	4.1	7.9	3.4	5.3	10.7
2018	6.1	3.6	7.3			

资料来源：国家卫生健康委员会。
注：本章东部地区包括北京、天津、河北、辽宁、上海、江苏、浙江、福建、山东、广东、海南11个省(市)；中部地区包括黑龙江、吉林、山西、安徽、江西、河南、湖北、湖南8个省；西部地区包括内蒙古、广西、重庆、四川、贵州、云南、西藏、陕西、甘肃、青海、宁夏、新疆12个省(区、市)。下同。

表2.4 监测地区5岁以下儿童死亡率

单位：‰

年 份	合计	城市	农村	东部	中部	西部
2010	16.4	7.3	20.1	9.7	14.8	21.1
2011	15.6	7.1	19.1	8.2	14.7	21.0
2012	13.2	5.9	16.2	7.5	11.7	18.1
2013	12.0	6.0	14.5	6.9	10.0	17.2
2014	11.7	5.9	14.2	5.5	9.3	17.0
2015	10.7	5.8	12.9			
2016	10.2	5.2	12.4	4.5	7.9	15.4
2017	9.1	4.8	10.9	4.3	7.0	14.8
2018	8.4	4.4	10.2	4.2	7.2	12.7

资料来源：国家卫生健康委员会。

表2.5 监测地区孕产妇死亡率

单位：1/10万

年 份	合计	城市	农村	东部	中部	西部
2010	30.0	29.7	30.1	17.8	29.1	45.1
2011	26.1	25.2	26.5	18.6	22.5	39.6
2012	24.5	22.2	25.6	14.4	25.2	34.4
2013	23.2	22.4	23.6	14.8	23.2	33.5
2014	21.7	20.5	22.2	12.5	22.3	32.7
2015	20.1	19.8	20.2	13.1	21.0	28.0
2016	19.9	19.5	20.0	13.5	21.2	26.9
2017	19.6	16.6	21.1	12.5	23.1	24.6
2018	18.3	15.5	19.9	10.9	20.0	25.2

资料来源：国家卫生健康委员会。

表2.6 新法接生率及住院分娩率

单位：%

年份	新法接生率			住院分娩率		
	合计	城市	农村	合计	城市	农村
2010	99.6	99.9	99.4	97.8	99.2	96.7
2011	99.7	99.9	99.6	98.7	99.6	98.1
2012	99.8	99.9	99.7	99.2	99.7	98.8
2013	99.9	100.0	99.7	99.5	99.9	99.2
2014	99.9	100.0	99.8	99.6	99.9	99.4
2015	99.9	100.0	99.9	99.7	99.9	99.5
2016	99.9	100.0	99.9	99.8	100.0	99.6
2017				99.9	100.0	99.8
2018				99.9	100.0	99.8

资料来源：国家卫生健康委员会。

图2.1 18岁以下儿童伤害死亡率

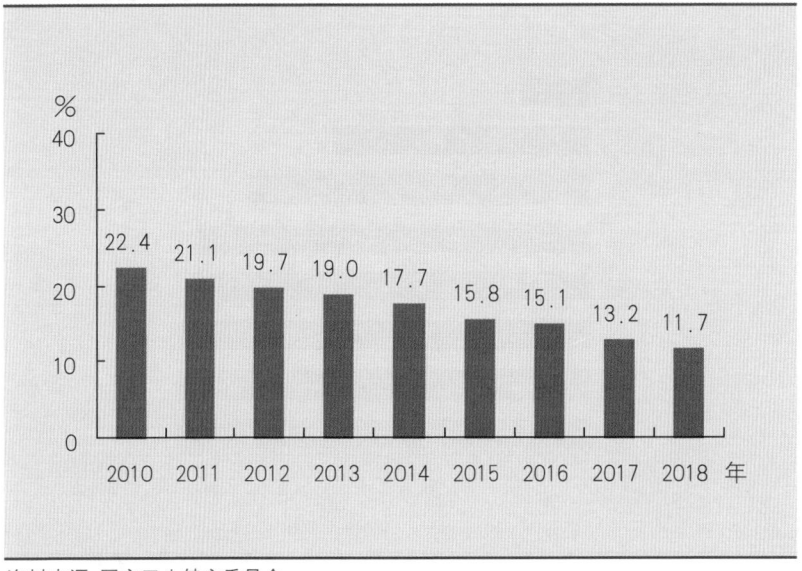

资料来源：国家卫生健康委员会。

表2.7 儿童健康情况

单位：%

年份	低出生体重发生率	新生儿访视率	5岁以下儿童低体重患病率	3岁以下儿童系统管理率	7岁以下儿童保健管理率
2010	2.34	89.6	1.55	81.5	83.4
2011	2.33	90.6	1.51	84.6	85.8
2012	2.38	91.8	1.44	87.0	88.9
2013	2.44	93.2	1.37	89.0	90.7
2014	2.61	93.6	1.48	89.8	91.3
2015	2.64	94.3	1.49	90.7	92.1
2016	2.73	94.6	1.44	91.1	92.4
2017	2.88	93.9	1.40	91.1	92.6
2018	3.13	93.7	1.43	91.2	92.7

资料来源：国家卫生健康委员会。

图2.2 2018年国家免疫规划疫苗接种率

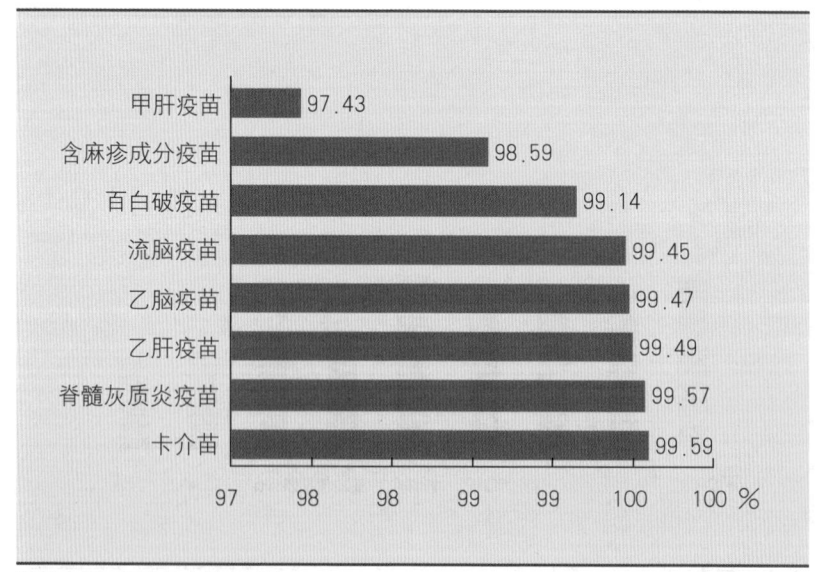

资料来源：国家卫生健康委员会。

表2.8 妇女保健情况

单位:%

年 份	妇女病检查率	查出妇女病率	已婚育龄妇女避孕率
2010	61.2	28.8	89.1
2011	65.4	28.3	88.6
2012	64.2	27.8	87.9
2013	68.7	27.4	87.3
2014	55.1	27.6	86.6
2015	61.6	26.3	86.1
2016	64.4	25.6	83.0
2017	66.9	24.2	80.6
2018	75.5	22.2	80.6

资料来源:国家卫生健康委员会。

表2.9 妇女常见病筛查中患病率情况

年 份	阴道炎患病率(%)	宫颈炎患病率(%)	尖锐湿疣患病率(1/10万)	宫颈癌患病率(1/10万)	乳腺癌患病率(1/10万)	卵巢癌患病率(1/10万)
2010	13.2	12.1	33.8	15.1	10.1	3.4
2011	13.6	11.7	33.4	15.3	10.4	3.2
2012	13.6	11.3	28.8	13.3	10.7	2.9
2013	13.6	11.3	20.7	16.4	12.2	3.1
2014	13.4	10.7	34.1	17.6	14.3	4.3
2015	12.9	10.0	28.5	15.8	13.2	3.5
2016	12.6	9.5	35.6	46.1	46.8	3.1
2017	12.3	7.5	28.1	45.6	51.2	3.2
2018	11.6	5.8	27.0	45.2	44.3	2.5

资料来源:国家卫生健康委员会。

表2.10 孕产妇保健情况

单位：%

年份	孕产妇建卡率	孕产妇系统管理率	产前检查率	产后访视率	孕产期中重度贫血患病率
2010	92.9	84.1	94.1	90.8	1.80
2011	93.8	85.2	93.7	91.0	1.70
2012	94.8	87.6	95.0	92.6	1.65
2013	95.7	89.5	95.6	93.5	1.64
2014	95.8	90.0	96.2	93.9	1.29
2015	96.4	91.5	96.5	94.5	1.25
2016	96.6	91.6	96.6	94.6	1.24
2017	96.6	89.6	96.5	94.0	...
2018	92.5	89.9	96.6	93.8	1.91

资料来源：国家卫生健康委员会。

表2.11 2018年监测地区孕产妇死亡主要原因构成

疾病名称	合计		城市		农村	
	位次	构成(%)	位次	构成(%)	位次	构成(%)
产科出血	1	23.2	1	24.2	1	22.8
羊水栓塞	2	12.3	3	12.1	2	12.4
心脏病	3	10.0	2	13.6	4	8.3
妊娠期高血压疾病	4	9.5	4	9.1	3	9.7
肝病	5	3.8	6	1.5	5	4.8
产褥感染	6	0.9	5	3.0	6	...

资料来源：国家卫生健康委员会。

表2.12　2018年居民前十位疾病死因构成

疾病名称	城市居民 位次	构成(%)	男 位次	构成(%)	女 位次	构成(%)
恶性肿瘤	1	26.0	1	28.7	2	22.2
心脏病	2	23.3	2	21.0	1	26.4
脑血管病	3	20.5	3	19.8	3	21.4
呼吸系统疾病	4	10.8	4	11.2	4	10.3
损伤及中毒外部原因	5	5.7	5	6.3	5	4.8
内分泌营养和代谢病	6	3.4	6	2.9	6	4.1
消化系统疾病	7	2.3	7	2.5	7	2.1
神经系统疾病	8	1.4	8	1.2	8	1.6
泌尿生殖系统疾病	9	1.1	10	1.1	9	1.1
传染病(含呼吸道结核)	10	1.0	9	1.2	10	0.7

资料来源：国家卫生健康委员会。
注：包括全国31个省的155个区（城市地区）和357个县或县级市（农村地区）。

表2.12　续表

疾病名称	农村居民 位次	构成(%)	男 位次	构成(%)	女 位次	构成(%)
恶性肿瘤	3	23.0	1	25.8	3	19.1
心脏病	1	23.5	3	21.1	1	26.8
脑血管病	2	23.2	2	22.4	2	24.3
呼吸系统疾病	4	11.2	4	11.2	4	11.4
损伤及中毒外部原因	5	7.5	5	8.6	5	5.9
内分泌营养和代谢病	6	2.5	7	2.0	6	3.2
消化系统疾病	7	2.1	6	2.3	7	1.8
神经系统疾病	8	1.2	10	1.0	8	1.4
泌尿生殖系统疾病	9	1.1	9	1.1	9	1.0
传染病(含呼吸道结核)	10	1.1	8	1.3	10	0.8

表2.13 婚前医学检查情况

单位：%

年 份	婚前医学检查率			检出疾病率[1]		
	合计	男	女	合计	男	女
2010	31.0	30.9	31.1	10.1	9.9	10.2
2011	41.0	40.9	41.0	9.0	8.9	9.0
2012	48.4	48.5	48.4	8.4	8.2	8.5
2013	52.9	52.9	53.0	8.1	8.0	8.2
2014	55.3	55.0	57.6	7.9	7.9	8.0
2015	58.7	58.8	58.7	7.9	7.8	8.1
2016	59.7	59.7	59.8	8.0	7.9	8.2
2017	61.4	61.4	61.4	8.2	7.9	8.4
2018	61.1	61.1	61.1	8.4	9.0	7.9

资料来源：国家卫生健康委员会。
注：1.检出疾病人数与实查人数之比乘以100%。

表2.14 计划生育手术情况

单位：万例、万人

年 份	节育手术总例数	放置宫内节育器例数	取出宫内节育器例数	输精管结扎人数	输卵管结扎人数	人工流产人数
2010	2216	754	282	22	170	636
2011	2195	730	282	20	160	663
2012	2176	720	284	17	156	669
2013	2035	681	279	16	137	624
2014	2418	848	353	18	147	962
2015	2379	823	353	15	123	985
2016	2099	532	473	4	49	965
2017	1904	464	394	2	41	963
2018	1842	377	347	5	40	974

资料来源：国家卫生健康委员会。

三、教育

表3.1　全国各级各类学校数

单位：所

年份	普通高等学校	普通高中	中等职业教育	初中	普通小学	特殊教育	学前教育
2010	2358	14058	13862	54890	257410	1706	150420
2011	2409	13688	13083	54117	241249	1767	166750
2012	2442	13509	12654	53216	228585	1853	181251
2013	2491	13352	12262	52804	213529	1933	198553
2014	2529	13253	11878	52623	201377	2000	209881
2015	2560	13240	11202	52405	190525	2053	223683
2016	2596	13383	10893	52118	177633	2080	239812
2017	2631	13555	10671	51894	167009	2107	254950
2018	2663	13737	10229	51982	161811	2152	266677

资料来源：教育部。

表3.2　各级学校生师比（教师人数＝1）

年份	普通小学	初中	普通高中	中等职业学校	普通高校
2010	17.70	14.98	15.99	25.69	17.33
2011	17.71	14.38	15.77	24.97	17.42
2012	17.36	13.59	15.47	24.19	17.52
2013	16.76	12.76	14.95	22.97	17.53
2014	16.78	12.57	14.44	21.34	17.68
2015	17.05	12.41	14.01	20.47	17.73
2016	17.12	12.41	13.65	19.84	17.07
2017	16.98	12.52	13.39	18.98	17.52
2018	16.97	12.79	13.10	19.10	17.56

资料来源：教育部。

表3.3　全国各级教育入学率及升学率

单位:%

年份	学前教育毛入园率	小学学龄儿童净入学率	#女	初中阶段毛入学率	九年义务教育巩固率
2010	56.6	99.7	99.7	100.1	91.1
2011	62.3	99.8	99.8	100.1	91.5
2012	64.5	99.9	99.9	102.1	91.8
2013	67.5	99.7	99.7	104.4	92.3
2014	70.5	99.8	99.8	103.5	92.6
2015	75.0	99.9	99.9	104.0	93.0
2016	77.4	99.9	99.9	104.0	93.4
2017	79.6	99.9	99.9	103.5	93.8
2018	81.7	100.0	100.0	100.9	94.2

资料来源:教育部。

表3.3　续表

单位:%

年份	高中阶段毛入学率	高等教育毛入学率	小学升学率	初中升学率
2010	82.5	26.5	98.7	87.5
2011	84.0	26.9	98.3	88.9
2012	85.0	30.0	98.3	88.4
2013	86.0	34.5	98.3	91.2
2014	86.5	37.5	98.0	95.1
2015	87.0	40.0	98.2	94.1
2016	87.5	42.7	98.7	93.7
2017	88.3	45.7	98.8	94.9
2018	88.8	48.1	99.1	95.2

表3.4 2018年各级各类学校教职工人数及性别构成

	教职工数（万人）	# 女	性别构成(%)	
			男	女
高等教育				
#普通高等学校	248.8	123.0	50.5	49.5
成人高等学校	3.8	2.0	47.7	52.3
中等教育				
高中阶段教育				
高中	274.5	152.2	44.6	55.4
#普通高中	274.3	152.1	44.5	55.5
中等职业教育				
#普通中专	39.8	20.2	49.2	50.8
成人中专	5.2	2.6	50.2	49.8
职业高中	33.9	17.7	47.7	52.3
初中阶段教育				
初中	419.4	238.8	43.0	57.0
成人初中（人）	2740	1657	39.5	60.5
初等教育				
#普通小学	573.3	382.4	33.3	66.7
工读学校（人）	2855	1089	61.9	38.1
特殊教育	6.8	4.8	29.1	70.9
学前教育	453.1	417.7	7.8	92.2

资料来源：教育部。
注：九年一贯制学校的教职工数计入初中阶段教育，十二年一贯制学校的教职工数计入高中阶段教育。

表3.4 续表

	专任教师（万人）	# 女	性别构成(%)	
			男	女
高等教育				
#普通高等学校	167.3	84.2	49.7	50.3
成人高等学校	2.2	1.2	43.6	56.4
中等教育				
高中阶段教育				
高中	181.5	97.8	46.1	53.9
#普通高中	181.3	97.7	46.1	53.9
中等职业教育				
#普通中专	30.5	16.5	46.0	54.0
成人中专	4.0	2.1	46.5	53.5
职业高中	28.3	15.6	45.0	55.0
初中阶段教育				
初中	363.9	206.6	43.2	56.8
成人初中（人）	2179	1441	33.9	66.1
初等教育				
#普通小学	609.2	418.8	31.3	68.7
工读学校（人）	**2099**	**879**	**58.1**	**41.9**
特殊教育	**5.9**	**4.3**	**26.1**	**73.9**
学前教育	**258.1**	**252.6**	**2.1**	**97.9**

资料来源：教育部。

表3.5 2018年普通高校专任教师按学历、年龄分人数及性别构成

	人数（人）	#女	性别构成(%)	
			男	女
合 计	1672753	841680	49.7	50.3
按学历分：				
博士	433807	158848	63.4	36.6
硕士	612308	365933	40.2	59.8
本科	611594	311268	49.1	50.9
专科及以下	15044	5631	62.6	37.4
按年龄分：				
29岁及以下	187148	118910	36.5	63.5
30—34岁	295107	166858	43.5	56.5
35—39岁	389295	214846	44.8	55.2
40—44岁	263275	130620	50.4	49.6
45—49岁	207172	93753	54.7	45.3
50—54岁	184356	75648	59.0	41.0
55—59岁	108529	31709	70.8	29.2
60—64岁	27848	7379	73.5	26.5
65岁及以上	10023	1957	80.5	19.5

资料来源：教育部。

表3.6 2018年普通高校专任教师按授课内容分人数及性别构成

授课内容	人数（人）	#女	性别构成(%)	
			男	女
合 计	1595996	807489	49.4	50.6
公共课基础课	380772	211113	44.6	55.4
专业课	1215224	596376	50.9	49.1
#双师型	350881	178969	49.0	51.0

资料来源：教育部。

表3.7 2018年普通高校专任教师按未任课原因分人数及性别构成

未任课原因	人数（人）	#女	性别构成(%)	
			男	女
合 计	76757	34191	55.5	44.5
进修	23142	11321	51.1	48.9
科研	17302	5461	68.4	31.6
病休	2227	1407	36.8	63.2
其他	34086	16002	53.1	46.9

资料来源：教育部。

表3.8 2018年普通高中专任教师按学历、职称分人数及性别构成

	人数（人）	#女	性别构成(%)	
			男	女
合　计	1812584	976982	46.1	53.9
按学历分：				
研究生毕业	177968	120051	32.5	67.5
本科毕业	1605873	847444	47.2	52.8
专科毕业	28229	9325	67.0	33.0
高中阶段毕业	489	154	68.5	31.5
高中阶段毕业以下	25	8	68.0	32.0
按职称分：				
中学高级	501631	200235	60.1	39.9
中学一级	657699	348131	47.1	52.9
中学二级	475767	309243	35.0	65.0
中学三级	10454	6416	38.6	61.4
未定职级	167033	112957	32.4	67.6

资料来源：教育部。

表3.9　2018年初中专任教师按学历、职称分人数及性别构成

	人数（人）	#女	性别构成(%)	
			男	女
合　计	3638999	2066233	43.2	56.8
按学历分：				
研究生毕业	110659	85321	22.9	77.1
本科毕业	3026933	1786681	41.0	59.0
专科毕业	496449	193015	61.1	38.9
高中阶段毕业	4824	1191	75.3	24.7
高中阶段毕业以下	134	25	81.3	18.7
按职称分：				
中学高级	702607	322769	54.1	45.9
中学一级	1497141	788008	47.4	52.6
中学二级	1010176	654034	35.3	64.7
中学三级	33839	21199	37.4	62.6
未定职级	395236	280223	29.1	70.9

资料来源：教育部。

表3.10 2018年普通小学专任教师按学历、职称分人数及性别构成

	人数（人）	#女	性别构成(%)	
			男	女
合　计	6091908	4188201	31.2	68.8
按学历分：				
研究生毕业	69711	59109	15.2	84.8
本科毕业	3531559	2680199	24.1	75.9
专科毕业	2276957	1382797	39.3	60.7
高中阶段毕业	211818	65604	69.0	31.0
高中阶段毕业以下	1863	492	73.6	26.4
按职称分：				
中学高级	303926	164689	45.8	54.2
小学高级	2659998	1652012	37.9	62.1
小学一级	1881860	1370047	27.2	72.8
小学二级	314560	238702	24.1	75.9
小学三级	24778	19022	23.2	76.8
未定职级	906786	743729	18.0	82.0

资料来源：教育部。

表3.11 2018年特殊教育专任教师按学历、职称分人数及性别构成

	人数（人）	#女	性别构成(%) 男	性别构成(%) 女
合　计	58656	43351	26.1	73.9
按学历分：				
研究生毕业	1428	1168	18.2	81.8
本科毕业	39809	29948	24.8	75.2
专科毕业	16418	11637	29.1	70.9
高中阶段毕业	987	587	40.5	59.5
高中阶段毕业以下	14	11	21.4	78.6
按职称分：				
中学高级	7695	4964	35.5	64.5
小学高级	25383	18270	28.0	72.0
小学一级	15549	11833	23.9	76.1
小学二级	2949	2400	18.6	81.4
小学三级	315	260	17.5	82.5
未定职级	6765	5624	16.9	83.1

资料来源：教育部。

表3.12 2018年各级各类学校在校学生数及性别构成

	人数（万人）	#女	性别构成(%)	
			男	女
高等教育				
研究生	273.1	135.6	50.4	49.6
普通本专科	2831.0	1487.4	47.5	52.5
成人本专科	591.0	350.8	40.6	59.4
网络本专科	825.7	383.7	53.5	46.5
中等教育				
高中阶段教育	3934.7	1865.4	52.6	47.4
高中	2379.4	1208.3	49.2	50.8
中等职业教育	1555.3	657.1	57.7	42.3
初中阶段教育				
初中	4652.6	2162.3	53.5	46.5
成人初中	15.5	7.1	54.1	45.9
初等教育	10412.5	4847.9	53.4	46.6
#普通小学	10339.3	4808.3	53.5	46.5
工读学校(人)	6818	1003	85.3	14.7
特殊教育	66.6	24.2	63.6	36.4
学前教育	4656.4	2176.7	53.3	46.7

资料来源：教育部。

表3.13　2018年研究生在校生人数及性别构成

	人数（人）	#女	性别构成(%)	
			男	女
合 计	2731257	1355745	50.4	49.6
博士	389518	157255	59.6	40.4
硕士	2341739	1198490	48.8	51.2
普通高校	2703411	1343714	50.3	49.7
博士	382604	154909	59.5	40.5
硕士	2320807	1188805	48.8	51.2
科研机构	27846	12031	56.8	43.2
博士	6914	2346	66.1	33.9
硕士	20932	9685	53.7	46.3

资料来源：教育部。

表3.14　2018年普通本专科在校学生数及性别构成

	人数（人）	#女	性别构成(%)	
			男	女
普通本专科	28310348	14873873	47.5	52.5
本科	16973343	9163131	46.0	54.0
专科	11337005	5710742	49.6	50.4

资料来源：教育部。

图3.1 2018年成人本专科在校学生数

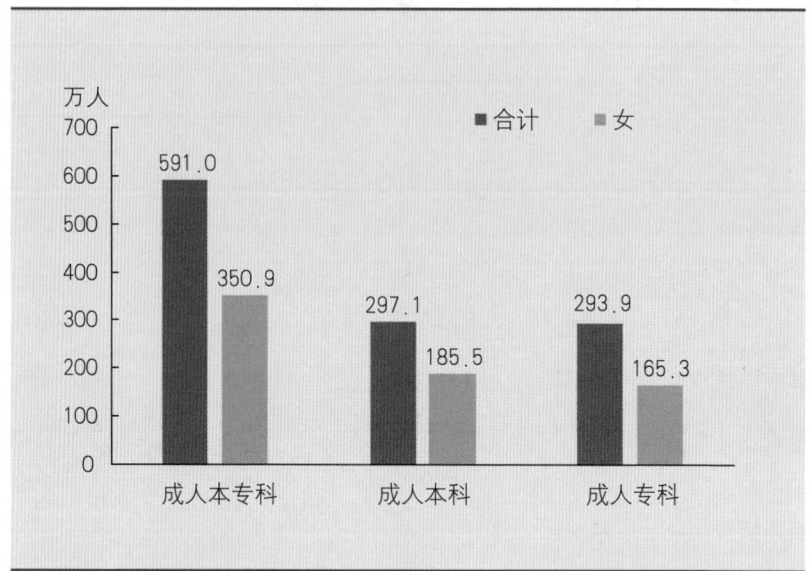

资料来源：教育部。

图3.2 2018年网络本专科在校学生数

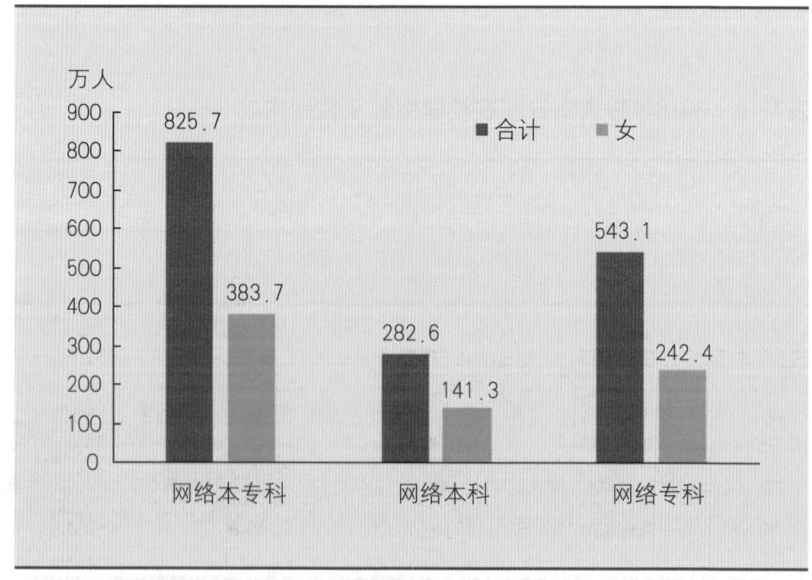

资料来源：教育部。

表3.15　2018年高中阶段教育在校生人数及性别构成

	人数（万人）	#女	性别构成(%)	
			男	女
合　计	3934.7	1865.4	52.6	47.4
高中	2379.4	1208.3	49.2	50.8
普通高中	2375.4	1206.0	49.2	50.8
成人高中	4.0	2.3	43.8	56.2
中等职业教育	1555.3	657.1	57.7	42.3
普通中专	699.4	335.2	52.1	47.9
成人中专	113.1	47.3	58.2	41.8
职业高中	401.1	169.5	57.7	42.3
技工学校	341.6	105.1	69.2	30.8

资料来源：教育部。

表3.16　2018年义务教育阶段在校生人数及性别构成

	人数（万人）	#女	性别构成(%)	
			男	女
合　计	14991.9	6970.6	53.5	46.5
初中	4652.6	2162.3	53.5	46.5
普通小学	10339.3	4808.3	53.5	46.5

资料来源：教育部。

表3.17 2018年6岁及以上人口受教育程度及性别构成

受教育程度	样本人口数（人）	女	性别构成(%)	
			男	女
合　计	1064195	521826	51.0	49.0
未上过学	57483	41001	28.7	71.3
小学	268951	141004	47.6	52.4
初中	401864	185260	53.9	46.1
普通高中	138751	61388	55.8	44.2
中职	48043	21686	54.9	45.1
大学专科	78481	37416	52.3	47.7
大学本科	64259	30995	51.8	48.2
研究生	6364	3076	51.7	48.3

资料来源：国家统计局,2018年全国人口变动情况抽样调查样本数据,抽样比为0.820‰。

表3.18 分性别文盲人口占15岁及以上人口的比重

单位：%

年份	文盲人口占15岁及以上人口的比重	男	女
2011	5.21	2.73	7.77
2012	4.96	2.67	7.32
2013	4.60	2.53	6.73
2014	4.92	2.51	7.40
2015	5.42	2.89	8.01
2016	5.28	2.74	7.89
2017	4.85	2.42	7.34
2018	4.94	2.42	7.52

资料来源：国家统计局，历年中国统计年鉴。
注：本表文盲人口指15岁及以上不识字及识字很少的人口。

表3.19 2018年进城务工人员随迁子女义务教育阶段在校情况及性别构成

类别	普通小学（万人）	女	性别构成（%） 男	性别构成（%） 女
进城务工人员随迁子女	1048.4	466.0	55.6	44.4
外省迁入	463.6	204.1	56.0	44.0
本省外县迁入	584.8	261.8	55.2	44.8
农村留守儿童	998.7	465.9	53.3	46.7

资料来源：教育部。

表3.19 续表

类别	初中（万人）	女	性别构成（%） 男	性别构成（%） 女
进城务工人员随迁子女	375.6	165.8	55.9	44.1
外省迁入	151.8	65.5	56.8	43.2
本省外县迁入	223.8	100.3	55.2	44.8
农村留守儿童	475.7	222.5	53.2	46.8

表3.20　全国6-17岁儿童在校率

单位：%

类别		2000年	2010年	2015年
合 计		**86.1**	**91.8**	**93.0**
分城乡：	城镇	90.1	93.7	94.2
	农村	84.4	90.3	91.9
	贫困地区农村		88.9	90.3
分性别：	男性	87.1	91.6	92.6
	女性	85.1	92.1	93.4
分民族：	汉族	87.2	92.4	93.4
	少数民族	77.1	87.0	88.1
受流动影响的儿童：	流动儿童	77.6	88.0	90.7
	农村留守儿童	89.4	91.4	92.7

数据来源：国家统计局、联合国儿童基金会、联合国人口基金，《2015年中国儿童人口状况：事实与数据》，2017年。

注：流动儿童、留守儿童、分民族、贫困地区农村根据相关年份微观数据计算，其他分组根据汇总资料计算整理。下同。

表3.21　2015年6-17岁儿童分城乡在校率

单位：%

类别	合计	6-11岁	12-14岁	15-17岁
合 计	**93.0**	**94.8**	**96.7**	**85.6**
男性	92.6	94.8	96.6	84.2
女性	93.4	94.8	96.8	87.3
城镇	**94.2**	**95.0**	**97.2**	**89.8**
男性	93.8	94.9	97.1	88.6
女性	94.6	95.0	97.2	91.4
农村	**91.9**	**94.7**	**96.3**	**81.5**
男性	91.5	94.7	96.2	79.9
女性	92.4	94.7	96.5	83.5

数据来源：国家统计局、联合国儿童基金会、联合国人口基金，《2015年中国儿童人口状况：事实与数据》，2017年。

表3.22 全国6-17岁儿童未按规定接受或完成义务教育的比重

单位：%

类　别		2000年	2010年	2015年
合　计		7.1	3.0	3.6
分城乡：	城镇	3.9	2.0	3.0
	农村	8.6	3.9	4.1
	贫困地区农村		5.8	5.4
分性别：	男性	6.3	3.1	3.7
	女性	8.1	3.0	3.5
分民族：	汉族	6.1	2.7	3.1
	少数民族	17.7	7.2	7.4
受流动影响的儿童	流动儿童	8.4	2.7	3.3
	农村留守儿童	6.7	3.7	4.1

数据来源：国家统计局、联合国儿童基金会、联合国人口基金，《2015年中国儿童人口状况：事实与数据》，2017年。

表3.23 各类家长学校情况

年　份	家长学校数（万个）	培训人次（万人次）
2010	49.0	
2011	60.0	3384.0
2012	61.0	3389.0
2013	63.0	4223.0
2014	56.8	4335.4
2015	42.9	7309.1
2016	40.4	7425.5
2017	36.8	3456.6
2018	35.2	5370.2

资料来源：全国妇联。
注：家长学校数仅含妇联系统和教育系统。

图3.3　义务教育阶段在校残疾学生数

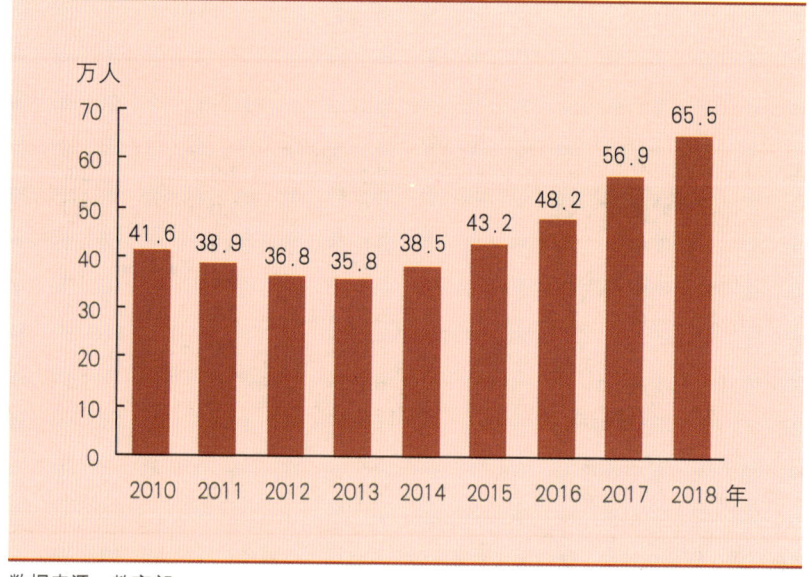

数据来源：教育部。

表3.24　助学项目资助的残疾儿童人数及性别构成（3—5岁）

年份	人数（人）	#女	性别构成(%)	
			男	女
2012	10280	3977	61.3	38.7
2013	10468	4008	61.7	38.3
2014	11528	4281	62.9	37.1
2015	12127	4552	62.5	37.5
2016	14412	5191	64.0	36.0
2017	18685	6671	64.3	35.7
2018	17216	6288	63.5	36.5

资料来源：中国残疾人联合会。
注：助学项目指残疾人事业专项彩票公益金助学项目。

四、就业与社会保障

表4.1 就业人员及性别构成

年份	就业人员（万人）	性别构成(%) 男	女
2010	76105	55.3	44.7
2011	76420	55.3	44.7
2012	76704	55.2	44.8
2013	76977	55.0	45.0
2014	77253	55.2	44.8
2015	77451	57.1	42.9
2016	77603	56.9	43.1
2017	77640	56.5	43.5
2018	77586	56.3	43.7

资料来源：国家统计局，《2019中国人口和就业统计年鉴》。

表4.2 城镇单位就业人员及性别构成

年份	城镇单位就业人员（万人）	#女	性别构成(%) 男	女
2010	13052	4862	62.8	37.2
2011	14413	5228	63.7	36.3
2012	15236	5459	64.2	35.8
2013	18108	6338	65.0	35.0
2014	18278	6546	64.2	35.8
2015	18063	6527	63.9	36.1
2016	17888	6518	63.6	36.4
2017	17644	6545	62.9	37.1
2018	17258	6428	62.8	37.2

资料来源：国家统计局，《2019中国人口和就业统计年鉴》。

表4.3 城镇登记失业人员、性别构成及城镇登记失业率

年份	城镇登记失业人员（万人）	性别构成(%)		城镇登记失业率(%)
		男	女	
2010	908	58.7	41.3	4.1
2011	922	58.9	41.1	4.1
2012	917	57.4	42.6	4.1
2013	926	58.7	41.3	4.1
2014	952	57.5	42.5	4.1
2015	966	58.3	41.7	4.1
2016	982	55.7	44.3	4.0
2017	972	56.9	43.1	3.9
2018	974	55.9	44.1	3.8

资料来源：人力资源和社会保障部。

表4.4 城镇职工基本养老保险参保人数及性别构成

年份	参保人数（万人）	#女	性别构成(%)	
			男	女
2010	25707	11202	56.4	43.6
2011	28391	12575	55.7	44.3
2012	30427	13829	54.6	45.4
2013	32218	14612	54.6	45.4
2014	34124	15463	54.7	45.3
2015	35361	15715	55.6	44.4
2016	37930	17663	53.4	46.6
2017	40293	17709	56.0	44.0
2018	41902	18667	55.4	44.6

资料来源：人力资源和社会保障部。
注：2018年女性人数中未包括中央单位人数。

表4.5 2018年城乡居民基本养老保险参保人数及性别构成

	参保人数 （万人）	#女	性别构成(%)	
			男	女
城乡居民基本养老保险	52392	24244	53.7	46.3
城镇居民	2236	1084	51.5	48.5
农村居民	50155	23160	53.8	46.2

资料来源：人力资源和社会保障部。
注：女性数据为不完全统计数。

表4.6 城镇职工基本医疗保险参保人数及性别构成

年份	参保人数 （万人）	#女	性别构成(%)	
			男	女
2010	23735	10537	55.6	44.4
2011	25227	11398	54.8	45.2
2012	26486	12207	53.9	46.1
2013	27443	12657	53.9	46.1
2014	28296	13013	54.0	46.0
2015	28893	13512	53.2	46.8
2016	29532	13852	53.1	46.9
2017	30323	14302	52.8	47.2
2018	31681	14945	52.8	47.2

资料来源：2018年为国家医疗保障局，其他年份为人力资源和社会保障部。

表4.7 城乡居民基本医疗保险参保人数及性别构成

年份	参保人数（万人）	#女	性别构成(%)	
			男	女
2011	22116	7531	65.9	34.1
2012	27156	10996	59.5	40.5
2013	29629	12174	58.9	41.1
2014	31451	13900	55.8	44.2
2015	37689	17177	54.4	45.6
2016	44860	18946	57.8	42.2
2017	87359	38062	56.4	43.6
2018	102778	39345	61.7	38.3

资料来源：2018年为国家医疗保障局，其他年份为人力资源和社会保障部。
注：1.2016年及以前年份为城镇居民。
   2.2018年女性数据为不完全统计数据。

表4.8 失业保险参保人数及性别构成

年份	参保人数（万人）	#女	性别构成(%)	
			男	女
2010	13376	5149	61.5	38.5
2011	14317	5815	59.4	40.6
2012	15225	6304	58.6	41.4
2013	16417	6862	58.2	41.8
2014	17043	7145	58.1	41.9
2015	17326	7294	57.9	42.1
2016	18089	7551	58.3	41.7
2017	18784	7950	57.7	42.3
2018	19643	8341	57.5	42.5

资料来源：人力资源和社会保障部。

表4.9 工伤保险参保人数及性别构成

年份	参保人数（万人）	#女	性别构成(%)	
			男	女
2010	16161	5699	64.7	35.3
2011	17696	6202	65.0	35.0
2012	19010	7145	62.4	37.6
2013	19917	7537	62.2	37.8
2014	20639	8070	60.9	39.1
2015	21432	8074	62.3	37.7
2016	21889	8128	62.9	37.1
2017	22724	8594	62.2	37.8
2018	23874	9313	61.0	39.0

资料来源：人力资源和社会保障部。

表4.10 生育保险参保人数及性别构成

年份	参保人数（万人）	#女	性别构成(%)	
			男	女
2010	12336	5367	56.5	43.5
2011	13892	6033	56.6	43.4
2012	15429	6700	56.6	43.4
2013	16392	7117	56.6	43.4
2014	17039	7407	56.5	43.5
2015	17771	7712	56.6	43.4
2016	18451	8020	56.5	43.5
2017	19300	8428	56.3	43.7
2018	20434	8927	56.3	43.7

资料来源：2018年为国家医疗保障局，其他年份为人力资源和社会保障部。

图4.1 16—17周岁儿童劳动参与率，2000年、2010年和2015年

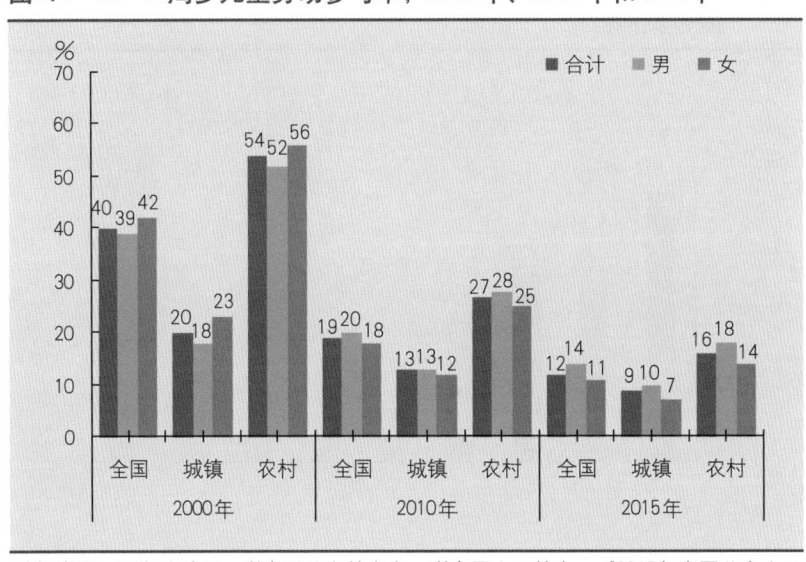

数据来源：国家统计局、联合国儿童基金会、联合国人口基金，《2015年中国儿童人口状况：事实与数据》，2017年。

表4.11 由就业培训中心和民办职业培训机构举办的职业技能培训人数及性别构成

年份	培训人数（万人）	#女	性别构成(%)	
			男	女
2012	2049	853	58.4	41.6
2013	2049	882	57.0	43.0
2014	1935	824	57.4	42.6
2015	1908	762	60.1	39.9
2016	1775	755	57.4	42.6
2017	1690	749	55.7	44.3
2018	1651	743	55.0	45.0

资料来源：人力资源和社会保障部。
注：指参加政府财政补贴的各类职业培训人数。

图4.2 人力资源和社会保障部门查处违反女职工和未成年工特殊保护规定案件数

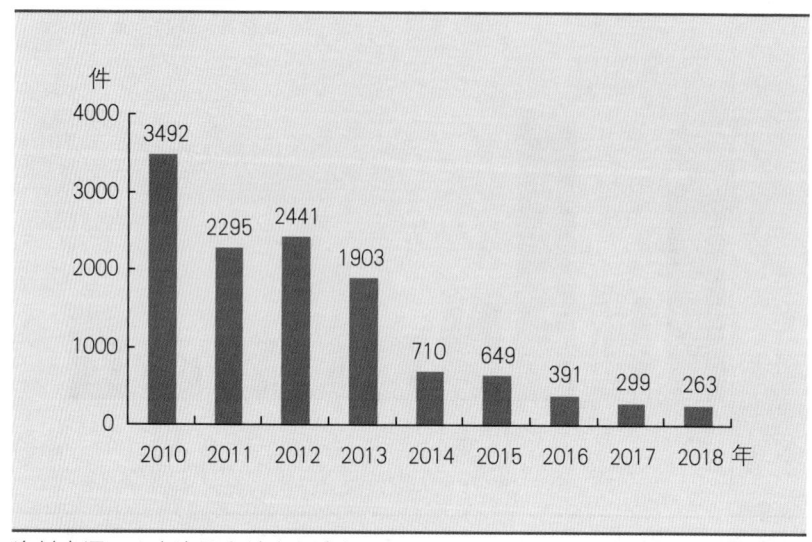

资料来源：人力资源和社会保障部。

图4.3 执行了《女职工劳动保护特别规定》的企业比重

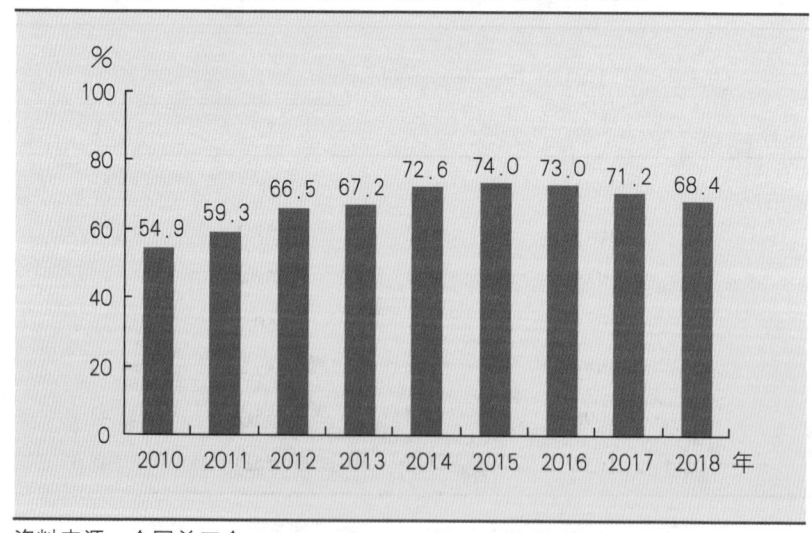

资料来源：全国总工会。

五、社会服务

表5.1　城乡居民最低生活保障人数

单位：万人

年　份	城市居民最低生活保障人数	#女	农村居民最低生活保障人数	#女
2010	2310.5	943.4	5214.0	1673.4
2011	2276.8	920.2	5305.7	1700.6
2012	2143.5	889.9	5344.5	1814.5
2013	2064.2	867.0	5388.0	1866.5
2014	1877.0	792.4	5207.2	1826.4
2015	1701.1	727.1	4903.6	1795.0
2016	1480.2	643.6	4586.5	1774.2
2017	1261.0	561.4	4045.2	1649.2
2018	1007.0	451.6	3519.1	1476.5

资料来源：民政部。

表5.2　城乡居民最低生活保障平均标准

单位：元/人月

年　份	城市	农村
2010	251.2	117.0
2011	287.6	143.2
2012	330.1	172.3
2013	373.3	202.8
2014	410.5	231.4
2015	451.1	264.8
2016	494.6	312.0
2017	540.6	358.4
2018	579.7	402.8

资料来源：民政部。

表5.3 农村特困人员人数及性别构成

年份	农村特困人员（万人）	#女	性别构成(%)	
			男	女
2010	556.3	120.7	78.3	21.7
2011	551.0	115.6	79.0	21.0
2012	545.6	109.4	79.9	20.1
2013	537.3	102.0	81.0	19.0
2014	529.1	94.1	82.2	17.8
2015	516.8	87.2	83.1	16.9
2016	496.9	76.2	84.7	15.3
2017	466.9	61.5	86.8	13.2
2018	455.0	57.0	87.5	12.5

资料来源：民政部。
注：2016年之前农村特困人员指农村五保人员，下同。

图5.1 农村特困人员中未成年人数

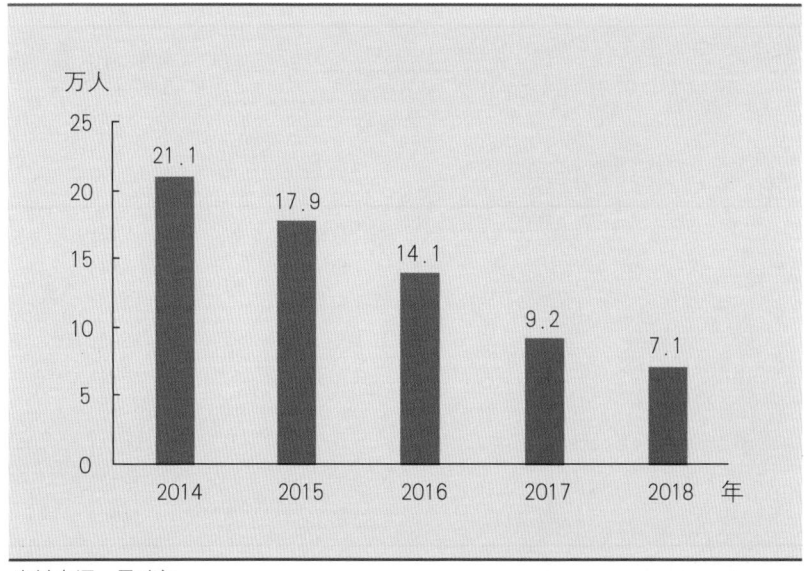

资料来源：民政部。

表5.4　提供住宿的民政服务机构基本情况

年份	机构数（万个）	#儿童收养救助（个）	床位数（万张）	收留抚养和救助人数（万人）	#儿童	#女
2010	4.4	480	349.6	278.2	4.2	60.2
2011	4.6	638	396.4	293.4	4.6	63.9
2012	4.8	724	449.3	309.5	10.8	68.4
2013	4.6	803	462.4	322.5	11.1	70.4
2014	3.7	890	426.0	337.0	10.3	64.3
2015	3.1	753	393.2	231.7	9.8	57.5
2016	3.2	705	414.0	236.3	9.6	59.8
2017	3.2	663	419.6	228.8	9.4	61.6
2018	3.1	651	408.1	211.9	9.3	62.7

资料来源：民政部。

表5.5　社区服务建设

年份	社区服务机构和设施（万个）	社区服务中心（个）	基层组织中持有证书的专业社会工作者人数（人）
2010	15.3	12720	9119
2011	16.0	14391	8811
2012	20.0	15497	13781
2013	25.2	19014	17905
2014	31.1	23088	19848
2015	36.1	24138	23012
2016	38.6	23493	30761
2017	40.7	25015	38425
2018	42.7	27635	46888

资料来源：民政部。

表5.6 家庭收养儿童情况

年份	收养登记总数（件）	中国公民收养登记	外国公民收养登记
2010	34529	29618	4911
2011	31424	27579	3845
2012	27278	23157	4121
2013	24460	21230	3230
2014	22772	19885	2887
2015	22348	19406	2942
2016	18736	15965	2771
2017	18820	16592	2228
2018	16267	14582	1685

资料来源：民政部。

表5.6 续表

年份	家庭收养儿童数（人）	被中国公民收养	被外国公民收养	由福利机构抚养的儿童
2010	34473	29978	4495	1878
2011	31329	28117	3212	1679
2012	27310	23189	4121	1760
2013	24491	21261	3230	9657
2014	22876	20055	2821	10336
2015	22363	19430	2933	10704
2016	18736	15965	2771	8884
2017	18820	16592	2228	9115
2018	16267	14582	1685	8581

表5.7 孤儿总数

年 份	合计（人）	集中供养	社会散居
2010	252110		
2011	509695	77144	432551
2012	570075	95251	474824
2013	548845	93899	454946
2014	525179	93522	431657
2015	502105	91712	410393
2016	460450	87502	372948
2017	409840	86025	323815
2018	305110	69760	235350

资料来源：民政部。
注：2012年以前福利机构抚养的儿童是孤儿，2013年以后含弃婴。

表5.8 被家庭收养的女童及残疾儿童数

单位：人

年 份	女童	残疾儿童
2010	25203	2692
2011	23211	3086
2012	19658	3016
2013	17164	2632
2014	16158	2637
2015	14751	3290
2016	12586	2554
2017	12425	2154
2018	10355	1479

资料来源：民政部。

表5.9　生活无着落人员救助管理站基本情况

年份	单位数（个）	职工人数（人）	#女	救助人次（万人次）	#儿童	#女
2010	1448	15118	5053	164.3	12.1	30.4
2011	1547	15668	5291	231.3	13.9	36.5
2012	1770	16866	5743	221.5	11.1	37.4
2013	1891	17587	5924	289.1	14.4	60.0
2014	1949	17848	5977	295.3	11.6	56.9
2015	1766	17419	5939	318.7	10.2	60.3
2016	1736	17344	5982	283.5	11.2	46.2
2017	1623	17098	5985	163.1	5.9	25.2
2018	1534	16667	5813	119.8	5.4	16.5

资料来源：民政部。

表5.10　未成年人救助保护中心基本情况

年份	单位数（个）	职工人数（人）	#女	救助人次（人次）	#儿童	#女
2010	145	1335	493	75521	24852	10935
2011	241	1679	611	62038	39851	7619
2012	261	2030	759	65316	41112	9695
2013	274	2043	761	70873	36139	9501
2014	345	2049	810	41979	41979	6954
2015	275	1751	668	47087	47087	5809
2016	240	1696	706	51554	51554	5709
2017	194	1474	583	34929	34929	4829
2018	176	1359	553	22053	22053	4201

资料来源：民政部。

表5.11 残疾人事业专项彩票公益金助学项目资助3-5岁儿童人数

类别	2017年		2018年	
	人数（人）	构成（%）	人数（人）	构成（%）
残疾人事业专项彩票公益金助学项目资助	18685	100.0	17216	100.0
#女	6671		6288	
视力残疾	351	1.9	332	1.9
听力残疾	3553	19.0	3225	18.7
言语残疾	837	4.5	830	4.8
肢体残疾	3532	18.9	3234	18.8
智力残疾	5953	31.9	5395	31.3
精神残疾	1756	9.4	1723	10.0
多重残疾	2703	14.5	2477	14.4
其他残疾儿童学前教育助学项目资助	2971		4993	

资料来源：中国残疾人联合会。

图5.2 开展残疾儿童康复的残疾人康复机构

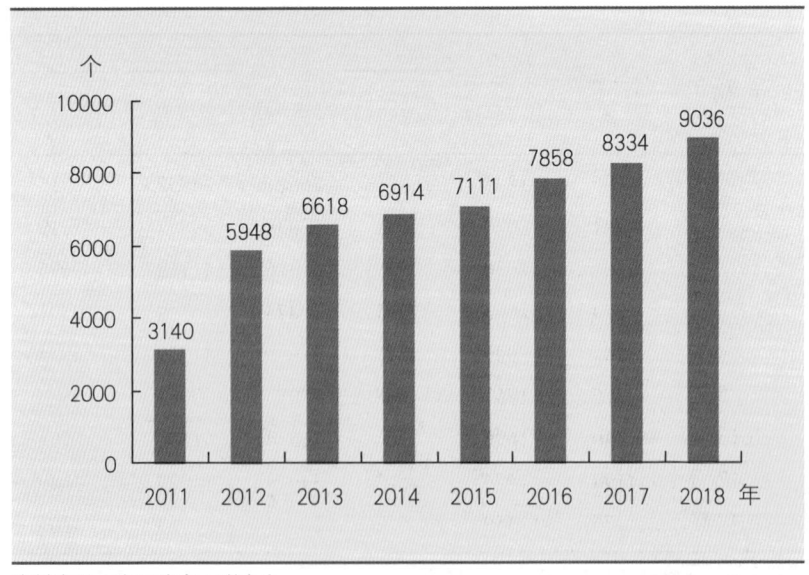

资料来源：中国残疾人联合会。

图5.3 2018年接受基本康复服务的0-6岁残疾儿童数（人）

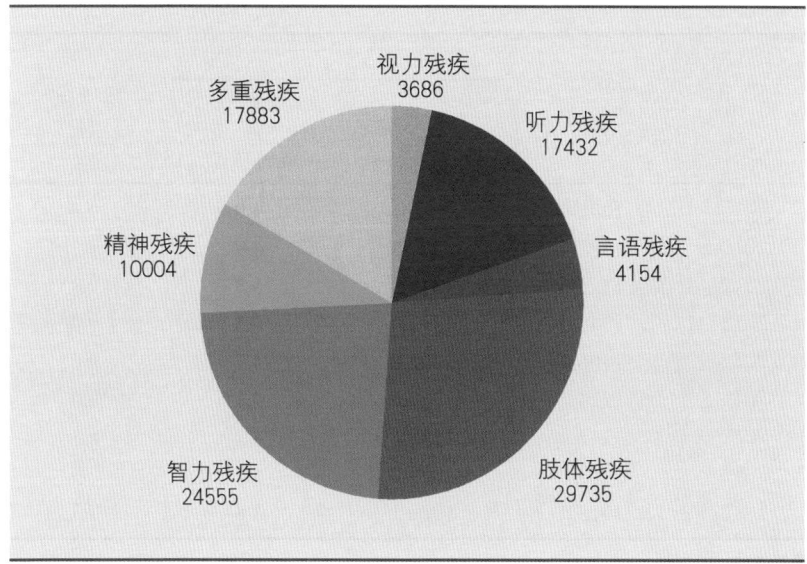

资料来源：中国残疾人联合会。

表5.12 结婚登记人口婚姻状况

年份	结婚登记人数（万人）	初婚	再婚	#女（万人）	#复婚（万对）
2010	2482.0	2200.9	281.1	138.8	19.0
2011	2604.8	2309.9	294.9	146.5	21.0
2012	2647.2	2361.2	286.0	145.8	23.0
2013	2693.8	2386.0	307.9	156.5	29.9
2014	2613.5	2286.8	326.7	168.7	34.8
2015	2449.4	2109.0	340.4	177.2	39.9
2016	2285.6	1913.3	372.4	195.0	47.4
2017	2126.2	1746.3	379.9	201.4	52.3
2018	2027.9	1598.7	429.2	230.6	56.3

资料来源：民政部。

表5.13 结婚登记情况

年份	结婚登记总数（万对）	内地居民	涉外及华侨港澳台居民	结婚率（‰）
2010	1241.0	1236.1	4.9	9.3
2011	1302.4	1297.5	4.9	9.7
2012	1323.6	1318.3	5.3	9.8
2013	1346.9	1341.4	5.5	9.9
2014	1306.7	1302.0	4.7	9.6
2015	1224.7	1220.6	4.1	9.0
2016	1142.8	1138.6	4.2	8.3
2017	1063.1	1059.0	4.1	7.7
2018	1013.9	1009.1	4.8	7.3

资料来源：民政部。

表5.14 离婚情况

年份	离婚总数（万对）	民政部门登记	内地居民	涉外及华侨港澳台居民（对）	法院部门办理（万件）	离婚率（‰）
2010	267.8	201.0	200.4	5783	66.8	2.0
2011	287.4	220.7	220.2	5761	66.7	2.1
2012	310.4	242.3	241.7	6161	68.1	2.3
2013	350.0	281.5	280.9	6538	68.5	2.6
2014	363.9	295.7	295.1	6714	67.9	2.7
2015	384.3	314.9	314.3	6237	69.3	2.8
2016	415.8	348.6	348.0	6315	67.2	3.0
2017	437.4	370.4	369.8	6307	66.9	3.2
2018	446.1	381.2	380.5	7567	64.9	3.2

资料来源：民政部。

六、社会参与

表6.1　历届全国人民代表大会代表人数及性别构成

届别及召开年份	人数（人）	#女	性别构成(%)	
			男	女
第一届(1954)	1226	147	88.0	12.0
第二届(1959)	1226	150	87.8	12.2
第三届(1964)	3040	542	82.2	17.8
第四届(1975)	2885	653	77.4	22.6
第五届(1978)	3497	740	78.8	21.2
第六届(1983)	2978	632	78.8	21.2
第七届(1988)	2970	634	78.7	21.3
第八届(1993)	2978	626	79.0	21.0
第九届(1998)	2979	650	78.2	21.8
第十届(2003)	2984	604	79.8	20.2
第十一届(2008)	2987	637	78.7	21.3
第十二届(2013)	2987	699	76.6	23.4
第十三届(2018)	2980	742	75.1	24.9

资料来源：全国人大。

图6.1　第九至十三届全国人大女常委比例

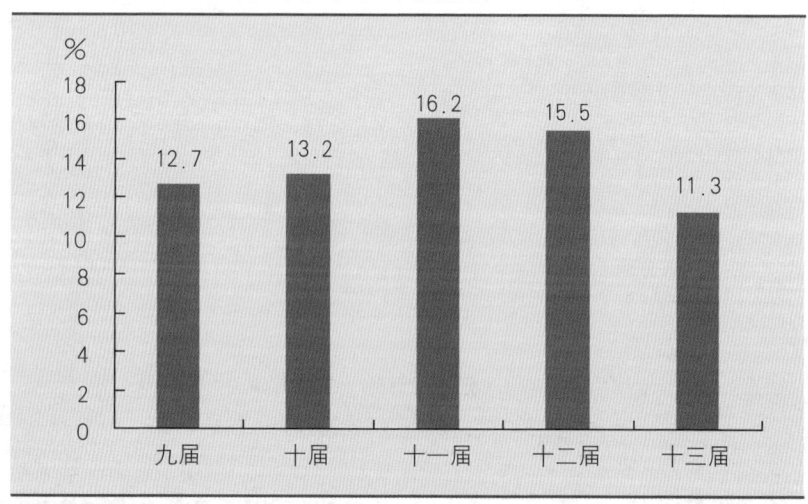

资料来源：中国政府网。

表6.2 历届全国政协委员人数及性别构成

届别及召开年份	人数（人）	#女	性别构成(%) 男	性别构成(%) 女
第一届(1949)	180	12	93.3	6.7
第二届(1954)	559	64	88.6	11.4
第三届(1959)	1071	87	91.9	8.1
第四届(1965)	1199	108	91.0	9.0
第五届(1978)	1988	261	86.9	13.1
第六届(1983)	2039	260	87.2	12.8
第七届(1988)	2081	289	86.1	13.9
第八届(1993)	2093	287	86.3	13.7
第九届(1998)	2196	341	84.5	15.5
第十届(2003)	2238	374	83.3	16.7
第十一届(2008)	2237	395	82.3	17.7
第十二届(2013)	2237	399	82.2	17.8
第十三届(2018)	2158	440	79.6	20.4

资料来源：全国政协。

图6.2 第九至十三届全国政协女常委比例

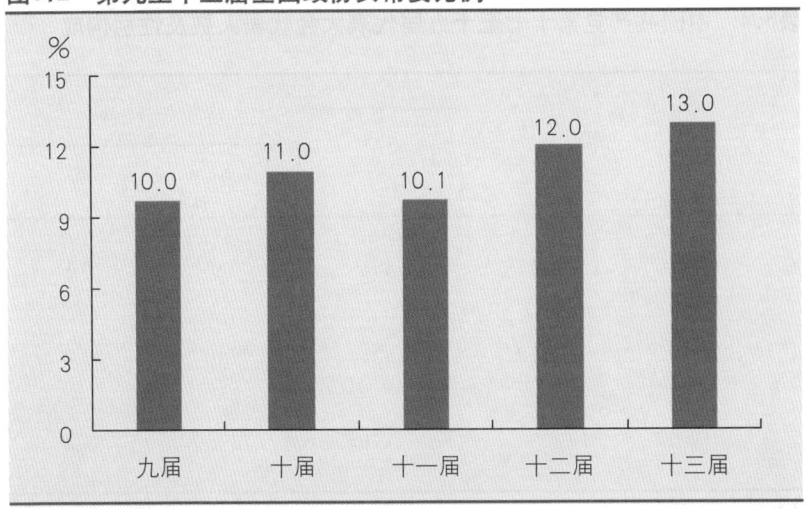

资料来源：全国政协。

表6.3　中国共产党党员人数及性别构成

年 份	人数（万人）	#女	性别构成(%)	
			男	女
2010	8026.9	1803.0	77.5	22.5
2011	8260.2	1925.0	76.7	23.3
2012	8512.7	2026.9	76.2	23.8
2013	8668.6	2109.0	75.7	24.3
2014	8779.3	2167.2	75.3	24.7
2015	8875.8	2227.8	74.9	25.1
2016	8944.7	2298.2	74.3	25.7
2017	8956.4	2388.8	73.3	26.7
2018	9059.4	2466.5	72.8	27.2

资料来源：中组部。

表6.4　中国共产党第十七至十九届代表大会代表人数及性别构成

届别及召开年份	人数（人）	#女	性别构成(%)	
			男	女
第十七届(2007)	2217	445	79.9	20.1
第十八届(2012)	2270	521	77.0	23.0
第十九届(2017)	2280	551	75.8	24.2

资料来源：人民网。

表6.5 中国共产党代表大会中央委员会委员人数及性别构成

届别及召开年份	中央委员（人）	#女	性别构成(%)	
			男	女
第八届(1956)	97	4	95.9	4.1
第九届(1969)	170	13	92.4	7.6
第十届(1973)	195	20	89.7	10.3
第十一届(1977)	201	14	93.0	7.0
第十二届(1982)	210	11	94.8	5.2
第十三届(1987)	175	10	94.3	5.7
第十四届(1992)	189	12	93.7	6.3
第十五届(1997)	193	8	95.9	4.1
第十六届(2002)	198	5	97.5	2.5
第十七届(2007)	204	13	93.6	6.4
第十八届(2012)	205	10	95.1	4.9
第十九届(2017)	204	10	95.1	4.9

资料来源：人民网。

表6.5 续表

届别及召开年份	中央候补委员（人）	#女	性别构成(%)	
			男	女
第八届(1956)	73	4	94.5	5.5
第九届(1969)	109	10	90.8	9.2
第十届(1973)	124	21	83.1	16.9
第十一届(1977)	132	24	81.8	18.2
第十二届(1982)	138	13	90.6	9.4
第十三届(1987)	110	12	89.1	10.9
第十四届(1992)	130	12	90.8	9.2
第十五届(1997)	151	17	88.7	11.3
第十六届(2002)	158	22	86.1	13.9
第十七届(2007)	167	24	85.6	14.4
第十八届(2012)	171	23	86.5	13.5
第十八届(2017)	172	20	88.4	11.6

表6.6 中国共产党第十七至十九届中央政治局委员人数及性别构成

届别及召开年份	人数（人）	#女	性别构成(%)	
			男	女
第十七届(2007)	25	1	96.0	4.0
第十八届(2012)	25	2	92.0	8.0
第十九届(2017)	25	1	96.0	4.0

资料来源：人民网。

表6.7 中国共产党代表大会中央纪律委员会委员人数及性别构成

届别及召开年份	人数（人）	#女	性别构成(%)	
			男	女
第十二届(1982)	132	13	90.2	9.8
第十三届(1987)	69	8	88.4	11.6
第十四届(1992)	108	9	91.7	8.3
第十五届(1997)	115	14	87.8	12.2
第十六届(2002)	121	14	88.4	11.6
第十七届(2007)	127	17	86.6	13.4
第十八届(2012)	130	13	90.0	10.0
第十九届(2017)	133	9	93.2	6.8

资料来源：人民网。

表6.8　2016年各民主党派人数及性别构成

党派	人数（万人）	#女	性别构成(%)	
			男	女
中国国民党革命委员会	12.6	4.8	62.0	38.0
中国民主同盟	28.2	12.4	56.2	43.8
中国民主建国会	17.5	6.1	65.3	34.7
中国民主促进会	15.7	7.8	50.4	49.6
中国农工民主党	15.5	7.7	50.3	49.7
中国致公党	5.2	2.4	54.1	45.9
九三学社	16.4	6.7	59.0	41.0
台湾民主自治同盟	0.3	0.2	48.8	51.2

表6.9　2016年各民主党派中央委员人数及性别构成

党派	人数（人）	#女	性别构成(%)	
			男	女
中国国民党革命委员会	225	52	76.9	23.1
中国民主同盟	282	65	77.0	23.0
中国民主建国会	215	41	80.9	19.1
中国民主促进会	205	50	75.6	24.4
中国农工民主党	214	40	81.3	18.7
中国致公党	118	29	75.4	24.6
九三学社	240	46	80.8	19.2
台湾民主自治同盟	68	29	57.4	42.6

表6.10 工会会员人数及性别构成

年份	工会会员数（万人）	#女	性别构成(%)	
			男	女
2010	23996.5	8871.5	63.0	37.0
2011	25885.1	9763.6	62.3	37.7
2012	28021.3	10611.0	62.1	37.9
2013	28786.9	10886.0	62.2	37.8
2014	28811.8	10977.7	61.9	38.1
2015	29546.0	11287.7	61.8	38.2
2016	30288.1	11520.0	62.0	38.0
2017	30311.2	11604.8	61.7	38.3
2018	29476.5	11351.8	61.5	38.5

资料来源：全国总工会。

表6.11 职工代表人数及性别构成

年份	职工代表数（万人）	#女	性别构成(%)	
			男	女
2010	1449.7	442.3	69.5	30.5
2011	1638.9	505.4	69.2	30.8
2012	2198.3	654.0	70.2	29.8
2013	2284.3	662.0	71.0	29.0
2014	2386.0	698.4	70.7	29.3
2015	2317.3	676.3	70.8	29.2
2016	2304.2	681.2	70.4	29.6
2017	2354.6	716.1	69.6	30.4
2018	2120.8	640.5	69.8	30.2

资料来源：全国总工会。

表6.12 企业职工代表大会、董事会、监事会中女性代表比重

单位：%

年 份	企业职工代表大会中女性代表比重	企业董事会中女职工董事占职工董事比重	企业监事会中女职工监事占职工监事比重
2010	29.0	32.7	35.2
2011	29.2	31.6	35.6
2012	28.4	26.4	27.0
2013	27.7	29.1	29.2
2014	28.0	40.1	41.5
2015	28.3	38.4	38.9
2016	28.7	39.9	40.1
2017	29.3	39.7	41.6
2018	28.8	39.9	41.9

资料来源：全国总工会。

表6.13 社会组织中女性比重

单位：%

年 份	社会团体	民办非企业	基金会
2010	20.4	36.5	29.9
2011	17.5	36.5	31.4
2012	22.3	37.8	30.7
2013	22.5	38.4	27.9
2014	21.8	38.6	26.6
2015	23.4	38.6	29.0
2016	23.0	38.7	29.5
2017	23.9	42.7	31.1
2018	21.9	43.2	17.1

资料来源：民政部。

表6.14 基层群众组织中女性比重

单位：%

年份	居民委员会		村民委员会	
	成员	主任	成员	主任
2010	49.6	43.5	21.4	10.4
2011	49.4	43.1	22.0	11.2
2012	48.8	41.4	22.1	11.7
2013	48.4	41.5	22.7	11.9
2014	48.4	41.0	22.8	12.3
2015	49.2	41.1	22.9	11.5
2016	48.7	39.6	22.5	10.5
2017	49.7	39.9	23.1	10.7
2018	50.4	39.9	24.0	11.1

资料来源：民政部。

表6.15 村委会选举情况

年份	当年完成选举的村委会数（个）	经推举产生的村民代表数（万人）	性别构成(%)		
			#女	男	女
2016	77011	872.3	133.4	84.7	15.3
2017	151513	1218.4	267.1	78.1	21.9
2018	243042	1138.4	151.0	86.7	13.3

资料来源：民政部。

ue # 七、科技

表7.1 中国两院院士人数及性别构成

学部	人数（人）	#女	性别构成(%)	
			男	女
中国科学院院士	**785**	**50**	**93.63**	**6.37**
数学物理学部	150	9	94.00	6.00
化学部	127	8	93.70	6.30
生命科学和医学学部	149	18	87.92	12.08
地学部	128	5	96.09	3.91
信息技术科学部	94	6	93.62	6.38
技术科学部	137	4	97.08	2.92
中国工程院院士	**853**	**42**	**95.08**	**4.92**
机械与运载工程学部	122	3	97.54	2.46
信息与电子工程学部	122	3	97.54	2.46
化工、冶金与材料工程学部	106	6	94.34	5.66
能源与矿业工程学部	117	1	99.15	0.85
土木、水利与建筑工程学部	104	2	98.08	1.92
环境与轻纺工程学部	55	6	89.09	10.91
农业学部	77	3	96.10	3.90
医药卫生学部	117	16	86.32	13.68
工程管理学部	64	3	95.31	4.69

资料来源：国家统计局，《2019中国科技统计年鉴》。
注：1. 工程管理学部64名院士中31人为跨学部院士，包括1位女院士。下同。
　　2. 本表数据不含外籍院士。
　　3. 中国科学院院士为截至2018年12月31日数据，中国工程院院士为截至2019年8月5日数据，下同。

图7.1 中国科学院女院士学部分布情况（%）

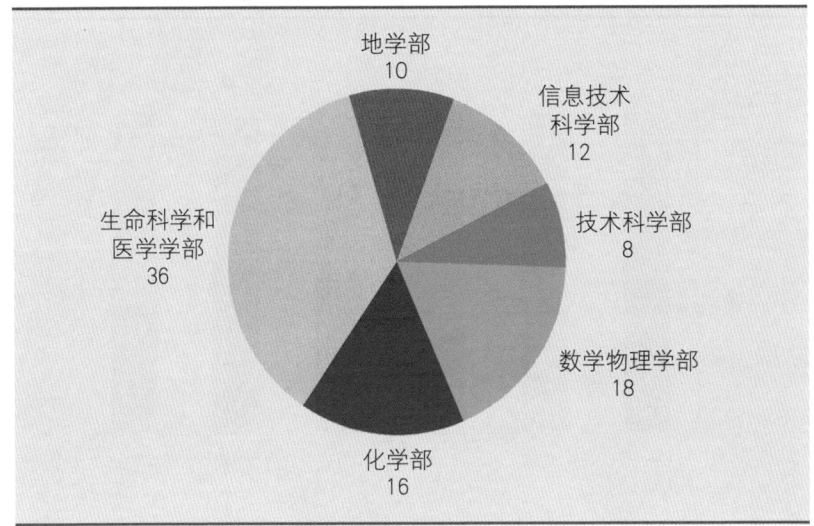

资料来源：国家统计局，《2019中国科技统计年鉴》。

图7.2 中国工程院女院士学部分布情况（%）

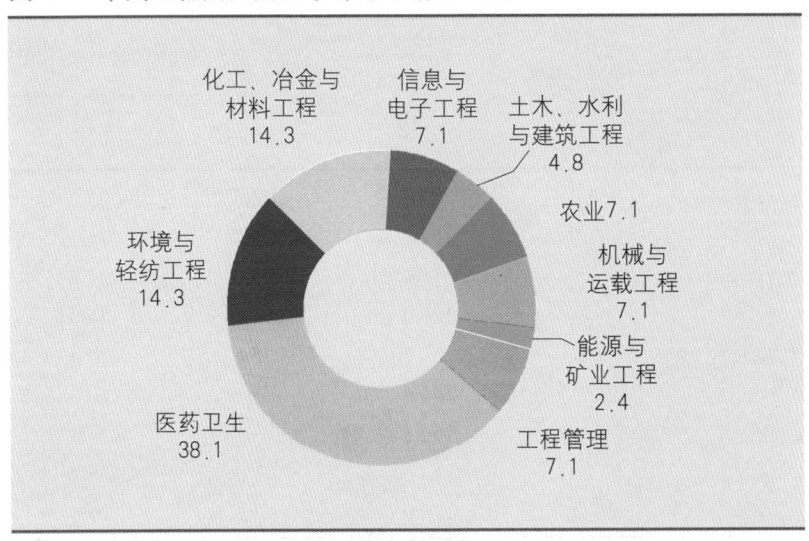

资料来源：国家统计局，《2019中国科技统计年鉴》。

图7.3 2018年按专业技术职务分组的专业技术人员性别构成

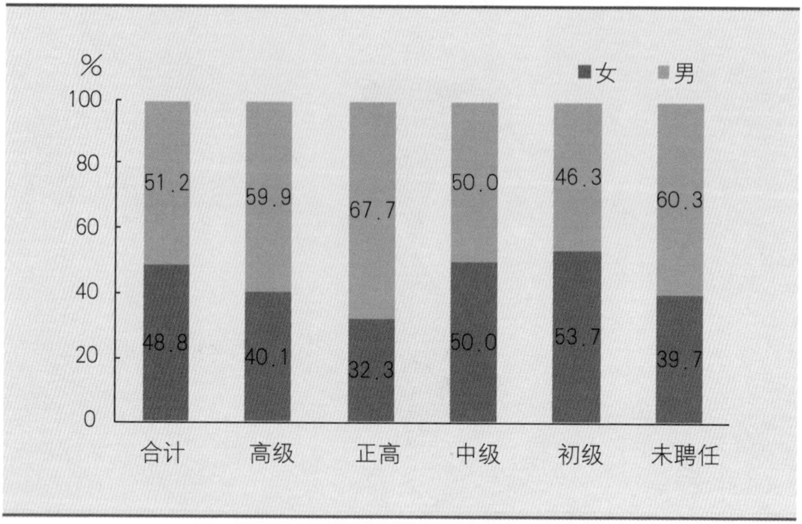

	合计	高级	正高	中级	初级	未聘任
女	48.8	40.1	32.3	50.0	53.7	39.7
男	51.2	59.9	67.7	50.0	46.3	60.3

资料来源：人力资源和社会保障部。

表7.2 研究与试验发展(R&D)人员及性别构成

年份	R&D人员（万人）	#女	性别构成(%)	
			男	女
2010	354.2	89.4	74.8	25.2
2011	401.8	101.7	74.7	25.3
2012	461.7	115.4	75.0	25.0
2013	501.8	125.0	75.1	24.9
2014	535.1	130.7	75.6	24.4
2015	548.3	145.6	73.4	26.6
2016	583.1	154.5	73.5	26.5
2017	621.4	166.0	73.3	26.7
2018	657.1	176.0	73.2	26.8

资料来源：国家统计局，历年中国科技统计年鉴。

表7.3 2018年规模以上工业企业R&D人员及性别构成

组　别	R&D人员（人）	#女	性别构成(%)	
			男	女
合　计	4261170	951481	77.7	22.3
按企业规模分				
#大型企业	1757080	384653	78.1	21.9
中型企业	1110880	260168	76.6	23.4
按地区分				
东部地区	2885473	655590	77.3	22.7
中部地区	810597	170954	78.9	21.1
西部地区	442002	96295	78.2	21.8
东北地区	123098	28642	76.7	23.3
按登记注册类型分				
内资企业	3365482	737549	78.1	21.9
国有企业	34677	8951	74.2	25.8
集体企业	3102	890	71.3	28.7
股份合作企业	3131	709	77.4	22.6
联营企业	135	36	73.3	26.7
有限责任公司	1270631	268534	78.9	21.1
股份有限公司	629983	143449	77.2	22.8
私营企业	1419748	314169	77.9	22.1
其他企业	4075	811	80.1	19.9
港澳台商投资企业	435717	108264	75.2	24.8
外商投资企业	459971	105668	77.0	23.0

资料来源:国家统计局,《2019中国科技统计年鉴》。
注:本章东部地区包括:北京、天津、河北、上海、江苏、浙江、福建、山东、广东和海南。中部地区包括:山西、安徽、江西、河南、湖北和湖南。西部地区包括:内蒙古、广西、重庆、四川、贵州、云南、西藏、陕西、甘肃、青海、宁夏和新疆。东北地区包括:辽宁、吉林和黑龙江,下同。

表7.4 2018年研究与开发机构R&D人员及性别构成

组别	R&D人员（人）	#女	性别构成(%)	
			男	女
合计	464292	155118	66.6	33.4
按地区分				
东部地区	255168	90046	64.7	35.3
中部地区	61036	17900	70.7	29.3
西部地区	117615	37459	68.2	31.8
东北地区	30473	9713	68.1	31.9
按隶属关系分				
中央部门属	354706	110390	68.9	31.1
#中国科学院	95890	34390	64.1	35.9
地方部门属	109586	44728	59.2	40.8
省级部门属	84991	35937	57.7	42.3
副省级城市部门属	3444	1273	63.0	37.0
地市级部门属	21095	7497	64.5	35.5
按门类科学分				
自然科学	80011	29144	63.6	36.4
农业科学	60562	23044	61.9	38.1
医药科学	32437	17822	45.1	54.9
工程与技术科学	273258	76660	71.9	28.1
人文与社会科学	18024	8448	53.1	46.9

资料来源：国家统计局，《2019中国科技统计年鉴》。

表7.5　2018年按执行部门分R&D人员及性别构成

执行部门	R&D人员（万人）	#女	性别构成(%)	
			男	女
合 计	657.1	176.0	73.2	26.8
企业	490.3	109.2	77.7	22.3
#规上工业企业	426.1	95.1	77.7	22.3
研究与开发机构	46.4	15.5	66.6	33.4
高等学校	98.4	42.8	56.5	43.5
其他	22.0	8.5	61.2	38.8

资料来源：国家统计局，《2019中国科技统计年鉴》。

表7.6　科协有关人员情况

年份	各级科协从业人员（万人）	#女	全国学会理事会理事（人）	#女	全国学会在册个人会员数（万人）	#女
2010	3.7	1.4	26866	3019	411.4	79.4
2011	3.9	1.4	31680	3739	427.8	95.5
2012	3.9	1.5	32791	4085	433.0	96.4
2013	3.9	1.5	33553	4268	437.0	98.4
2014	3.9	1.5	34146	4329	436.9	101.8
2015	3.9	1.6	34453	4626	491.6	103.7
2016	3.9	1.6	34702	4753	462.8	109.2
2017	4.0	1.7	34707	4915	453.7	111.0
2018	4.0	1.7	35498	4968	479.5	119.1

资料来源：中国科协。

表7.7 受表彰奖励科技人员及性别构成

年份	受表彰奖励人数（人）	#女	性别构成(%)	
			男	女
2010	90354	25182	72.1	27.9
2011	117407	32167	72.6	27.4
2012	126152	36220	71.3	28.7
2013	125721	37306	70.3	29.7
2014	108211	33732	68.8	31.2
2015	126191	36638	71.0	29.0
2016	135262	40435	70.1	29.9
2017	115766	33638	70.9	29.1
2018	101463	30203	70.2	29.8

资料来源：中国科协。

表7.8 青少年科技教育普及情况

项目	单位	2017年	2018年
举办青少年科技竞赛	次	5834	4884
参加人数	万人次	6196	9905
举办青少年科技教育培训	次	7790	7566
参加人数	万人次	706	1488
举办青少年科学营	次	1164	1095
参加人数	万人次	21	19
少儿参观科技馆人次	万人次	3523	3446

资料来源：中国科协。

八、体育

表8.1　2017年分等级教练员发展人数及性别构成

等级	人数（人）	#女	性别构成(%)	
			男	女
合 计	5217	1450	72.2	27.8
国家级	261	105	59.8	40.2
高级	1586	501	68.4	31.6
一级	1988	504	74.6	25.4
二级	1279	316	75.3	24.7
三级	103	24	76.7	23.3

资料来源：国家体育总局。

表8.2　2018年分技术等级运动员发展人数及性别构成

技术等级	人数（人）	#女	性别构成(%)	
			男	女
合 计	46636	17520	62.4	37.6
国际级运动健将	103	67	35.0	65.0
运动健将	1289	545	57.7	42.3
一级运动员	12724	5383	57.7	42.3
二级运动员	32520	11525	64.6	35.4

资料来源：国家体育总局。

表8.3　2016年里约奥运会中国运动员获奖牌情况

项目	奖牌总数（枚）	金牌	银牌	铜牌
合计	70	26	18	26
男子	28	12	7	9
女子	41	14	11	16
混双	1			1

资料来源：国家体育总局。
注：本表为第31届夏季奥运会数据，下同。

表8.4　2016年里约奥运会中国运动员获奖牌人次

项目	获奖牌人数（人次）	金牌	银牌	铜牌
合计	112	46	29	37
男	38	16	7	15
女	74	30	22	22

资料来源：国家体育总局。

表8.5 中国参加历届奥运会获金牌数(夏奥会)

届别及举办年份	举办地	获金牌数(枚)	男	女	混双
第二十三届(1984)	美国洛杉矶	15	10	5	
第二十四届(1988)	南朝鲜汉城	5	2	3	
第二十五届(1992)	西班牙巴塞罗那	16	4	12	
第二十六届(1996)	美国亚特兰大	16	7	9	
第二十七届(2000)	澳大利亚悉尼	28	11	16	1
第二十八届(2004)	希腊雅典	32	12	19	1
第二十九届(2008)	中国北京	51	24	27	
第三十届 (2012)	英国伦敦	38	17	20	1
第三十一届(2016)	巴西里约热内卢	26	12	14	

资料来源:国家体育总局。

表8.6 中国参加历届奥运会获金牌人数(夏奥会)

届别及举办年份	举办地	获金牌人数(人次)	男	女
第二十三届(1984)	美国洛杉矶	26	10	16
第二十四届(1988)	南朝鲜汉城	6	3	3
第二十五届(1992)	西班牙巴塞罗那	18	5	13
第二十六届(1996)	美国亚特兰大	19	8	11
第二十七届(2000)	澳大利亚悉尼	39	19	20
第二十八届(2004)	希腊雅典	52	16	36
第二十九届(2008)	中国北京	74	34	40
第三十届 (2012)	英国伦敦	56	27	29
第三十一届(2016)	巴西里约热内卢	46	16	30

资料来源:国家体育总局。

表8.7 2013年全国各系统体育场地数量及面积情况

系　统	场地数量（万个）	数量占比（％）	场地面积（亿平方米）	面积占比（％）
合　计	169.46	100.00	19.92	100.00
体育系统	2.43	1.43	0.95	4.79
教育系统	66.05	38.98	10.56	53.01
高等院校	4.97	2.94	0.82	4.15
中小学	58.49	34.51	9.29	46.61
其他教育系统单位	2.59	1.53	0.45	2.25
军队系统	5.22	3.08	0.43	2.17
其他系统	95.76	56.51	7.98	40.03

资料来源：国家体育总局，第六次全国体育场地普查数据公报。

表8.8 少儿体育运动学校数（业余体校）

单位：个

年　份	合计	省级	地级	县级
2010	1683	23	415	1245
2011	1552	21	393	1138
2012	1510	22	384	1104
2013	1460	21	310	1129
2014	1463	26	312	1125
2015	1435	19	310	1106
2016	1428	15	309	1104
2017	1435	20	319	1095
2018	1403	6	325	1072

资料来源：国家体育总局。

图8.1 6-19岁儿童青少年参加体育健身活动参与形式（%）

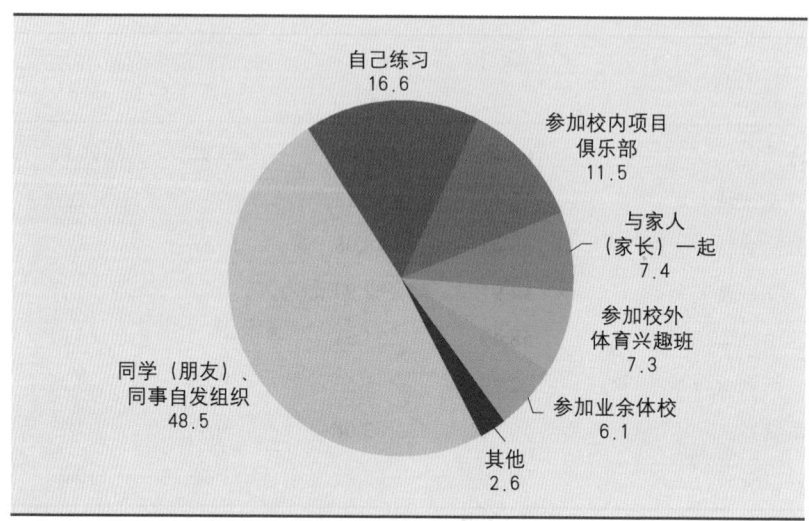

资料来源：国家体育总局，《2014年全民健身活动状况调查公报》。

图8.2 6-19岁儿童青少年不愿参加体育锻炼的原因（%）

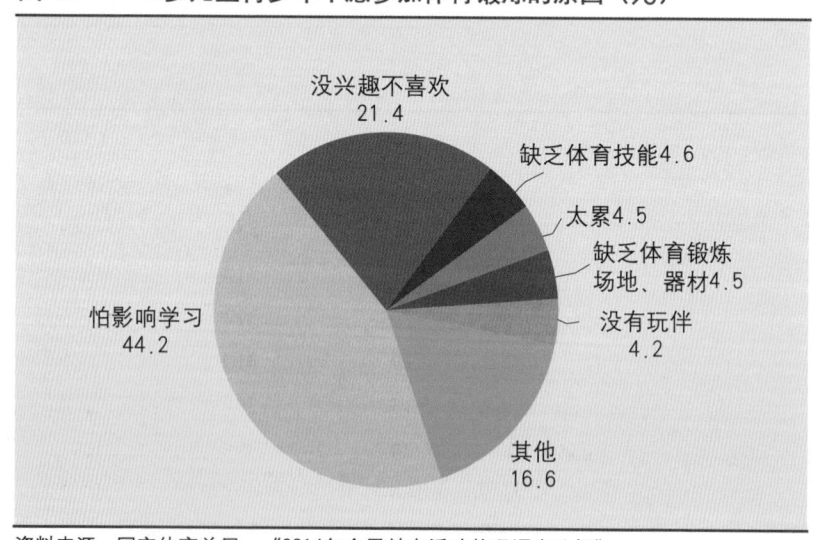

资料来源：国家体育总局，《2014年全民健身活动状况调查公报》。

九、法律保护

表9.1 2018年人民检察院检察官人数及性别构成

	人数（人）	女	性别构成(%)	
			男	女
合 计	67444	23579	65.0	35.0
检察长	3390	355	89.5	10.5
副检察长	12884	1896	85.3	14.7
检察员	51170	21328	58.3	41.7

资料来源：最高人民检察院。

表9.2 全国律师人数及性别构成

年 份	律师人数（万人）	#女	性别构成(%)	
			男	女
2010	19.5	4.7	75.9	24.1
2011	21.5	5.2	75.8	24.2
2012	23.2	6.2	73.3	26.7
2013	24.9	6.9	72.3	27.7
2014	27.1	7.9	70.8	29.2
2015	29.7	9.1	69.4	30.6
2016	32.6	10.6	67.5	32.5
2017	35.7	11.9	66.7	33.3
2018	42.4	15.3	63.9	36.1

资料来源：司法部。

表9.3　全国法官人数及建立少年法庭数

年 份	法官人数（人）	#女	高级法院法官	#女	建立少年法庭数（个）
2011	195028	51707	7580	2483	2219
2012	196179	54079	7759	2609	2331
2013	198863	57248	7775	2683	2331
2014	201715	61607	7720	2712	2253
2015	211990	66526	7808	2849	2253
2016	200995	68028	7661	2906	2253
2017	122590	40100	4514	1663	2253
2018	126017	42501	4604	1729	1691

资料来源：最高人民法院。
注：少年法庭数量不定期统计，2014—2017年均为截至2014年11月数据。

表9.4　全国人民陪审员人数及性别构成

年 份	人数（人）	#女	性别构成(%) 男	性别构成(%) 女
2012	83000	29000	65.1	34.9
2013	127096	43522	65.8	34.2
2014	209548	74667	64.4	35.6
2015	220093	79535	63.9	36.1
2016	222156	80467	63.8	36.2
2017	212466	87182	59.0	41.0
2018	250629	102936	58.9	41.1

资料来源：最高人民法院。

表9.5 公安机关破获各种侵害妇女儿童案件数

单位：起，人

年 份	破获强奸案件数	破获拐卖妇女案件数	破获拐卖儿童案件数	破获组织强迫、引诱、容留、介绍妇女卖淫等案件数
2010	30740	3228	2827	15133
2011	31342	3636	2979	14396
2012	26560	4598	3152	11616
2013	25852	4537	2237	11997
2014	25326	1775	1460	12498
2015	22431	637	756	10180
2016	21091	493	618	10549
2017	21604	661	546	11162
2018	23724	434	606	14797

资料来源：公安部。

表9.6 在押服刑人员人数

单位：万人

年 份	年末在押服刑人员	#女	#未成年
2010	164.7	9.0	1.8
2011	165.7	9.3	1.7
2012	164.2	9.6	1.5
2014	168.6	10.7	1.1
2015	165.0	10.7	1.1
2016	161.3	11.0	0.9
2017	171.2	14.3	0.6
2018	169.0	14.5	0.5

资料来源：司法部。
注：1.未成年指14—18岁。
　　2.2016年及以前年份为年初数据。

表9.7 公安机关强奸案件、拐卖妇女儿童案件立案数

单位：件，%

年份	强奸案件		拐卖妇女儿童案件	
	立案数	占刑事案件比重	立案数	占刑事案件比重
2010	33696	0.56	10082	0.17
2011	33336	0.56	13964	0.23
2012	33835	0.52	18532	0.28
2013	34102	0.52	20735	0.31
2014	33417	0.51	16483	0.25
2015	29948	0.42	9150	0.13
2016	27767	0.43	7121	0.11
2017	27664	0.50	6668	0.12
2018	29807	0.59	5397	0.11

资料来源：公安部。

表9.8 刑事犯罪受害人性别构成及14岁以下儿童所占比重

单位：%

年份	刑事犯罪受害人性别构成		刑事犯罪受害人中14岁以下儿童所占比重
	男	女	
2010	66.7	33.3	0.7
2011	65.7	34.3	0.7
2012	65.2	34.8	0.5
2013	64.2	35.8	0.5
2014	63.7	36.3	0.4
2015	63.2	36.8	0.3
2016	62.9	37.1	0.3
2017	63.2	36.8	0.4
2018	64.1	35.9	0.2

资料来源：公安部。

图9.1 青少年作案成员占全部作案人员的比重（14—25岁）

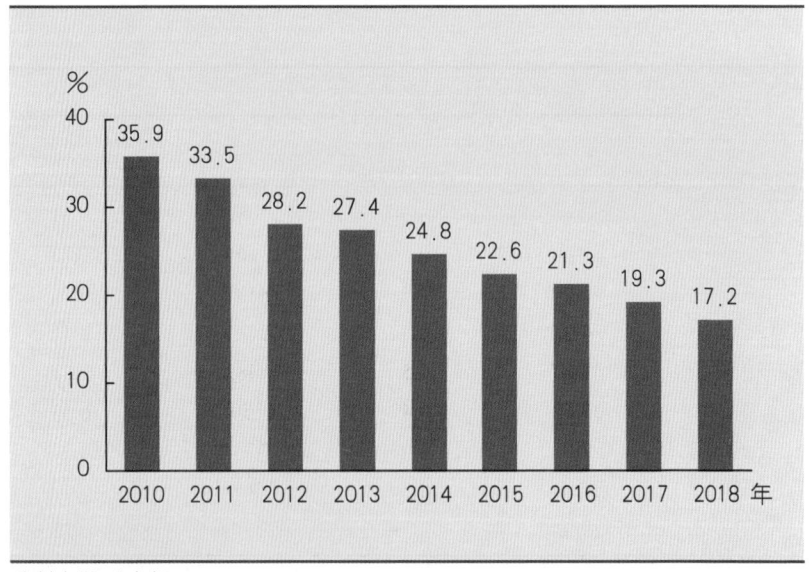

资料来源：公安部。

表9.9 审查批捕、起诉未成年人犯罪案件情况

单位：%

年 份	不捕未成年犯罪嫌疑人比重	批捕未成年犯罪嫌疑人比重	不起诉未成年犯罪嫌疑人比重	起诉未成年犯罪嫌疑人比重
2010	9.1	7.5		7.0
2011	9.1	7.0	8.6	6.6
2012	9.0	6.4	8.9	5.7
2013	8.5	5.6	8.8	5.6
2014	7.0	4.7	9.9	4.8
2015	6.2	4.0	9.2	3.9
2016	5.6	3.5	6.4	3.3
2017	5.3	2.6	11.9	2.6
2018	5.1	2.8	8.9	2.4

资料来源：最高人民检察院。

图9.2 各级人民法院判决生效的刑事案件中女性罪犯所占比重

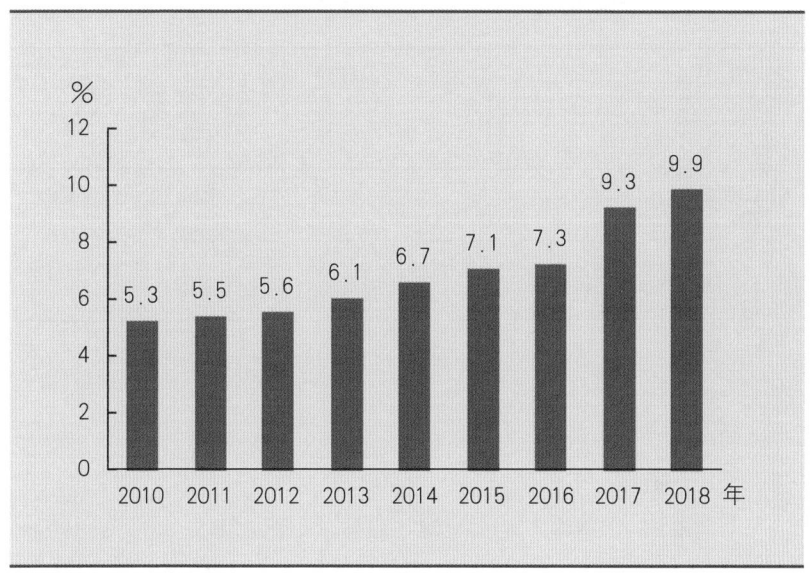

资料来源:最高人民法院。

表9.10 各级人民法院判决生效的刑事案件中青少年罪犯所占比重

单位:%

年 份	青少年罪犯占刑事罪犯比重	不满18岁	18—25岁
2010	28.6	6.8	21.8
2011	26.9	6.4	20.5
2012	24.1	5.4	18.7
2013	22.9	4.8	18.1
2014	21.1	4.3	16.8
2015	19.2	3.6	15.6
2016	16.8	2.9	13.9
2017	14.5	2.6	11.9
2018	17.0	2.4	14.6

资料来源:最高人民法院。

表9.11　2018年全国法院判处女性犯罪案件情况

犯罪类别（按女性占比高低排列）	判处犯罪人数（人）	#女性	女性占比（%）
传播性病罪	317	280	88.3
非法种植毒品原植物罪	2107	1264	60.0
组织、利用会道门、邪教组织、利用迷信破坏法律实施罪	3550	1966	55.4
生产、销售假药罪	4908	2340	47.7
重婚罪	805	372	46.2
引诱、容留、介绍卖淫罪	11075	4756	42.9
拐卖妇女、儿童罪	1245	494	39.7
生产、销售有毒、有害食品罪	3142	1161	37.0
非法吸收公众存款罪	15274	5595	36.6
偷越国(边)境罪	833	261	31.3
组织卖淫罪	4429	1146	25.9
利用极端主义破坏法律实施罪	3943	1019	25.8
集资诈骗罪	1717	440	25.6
生产、销售不符合卫生标准的食品罪	1605	391	24.4
挪用公款罪	1922	439	22.8
协助组织卖淫罪	3662	822	22.4
制作、复制、出版、贩卖、传播淫秽物品牟利罪	1833	397	21.7
赌博罪	12947	2793	21.6
失火罪	1771	382	21.6
销售假冒注册商标的商品罪	2528	531	21.0
窝藏、包庇罪	5343	1122	21.0
妨害公务罪	18665	3827	20.5
诈骗罪	70743	14221	20.1
非法经营罪	10457	2033	19.4

资料来源：最高人民法院。

表9.11 续表

犯罪类别（按女性占比高低排列）	判处犯罪人数（人）	#女性	女性占比（%）
聚众扰乱社会秩序罪	5633	1084	19.2
伪造、变造、买卖国家机关公文、证件、印章罪	3226	603	18.7
虚开增值税专用发票、用于骗取出口退税、抵扣税款发票罪	7789	1431	18.4
开设赌场罪	33980	6053	17.8
信用卡诈骗罪	6320	1108	17.5
假冒注册商标罪	3218	555	17.2
拒不执行判决、裁定罪	5132	880	17.1
非法持有毒品罪	6253	1036	16.6
走私普通货物、物品罪	2048	335	16.4
侵犯公民个人信息罪	4560	739	16.2
挪用资金罪	1690	262	15.5
走私、贩卖、运输、制造毒品罪	76523	11358	14.8
骗取贷款、票据承兑、金融票证罪	1768	250	14.1
放火罪	2128	299	14.1
准备实施恐怖活动罪	5901	818	13.9
合同诈骗罪	8467	1159	13.7
容留他人吸毒罪	23635	3174	13.4
职务侵占罪	5094	667	13.1
生产、销售伪劣产品罪	2301	287	12.5
妨害国境卫生检疫罪	9888	1191	12.0
行贿罪	2462	296	12.0
贪污罪	8394	1008	12.0
组织、领导传销活动罪	24581	2938	12.0
掩饰、隐瞒犯罪所得、犯罪所得收益罪	11071	1233	11.1
敲诈勒索罪	11907	1241	10.4

资料来源：最高人民法院。

表9.12 法律援助机构数及获得法律援助的受援人数

年 份	法律援助机构数（个）	受援人数（万人次）	#女	#儿童
2010	3592	82.1	19.6	8.8
2011	3672	94.7	22.3	8.9
2012	3693	114.6	27.3	9.8
2013	3680	127.9	31.8	15.4
2014	3737	138.8	35.2	15.5
2015	3739	146.9	35.9	14.6
2016	3758	143.3	36.7	13.6
2017	4292	139.5	36.1	14.5
2018	3389	151.9	36.1	13.6

资料来源：司法部。

图9.3 为妇女儿童提供信访、热线咨询服务数

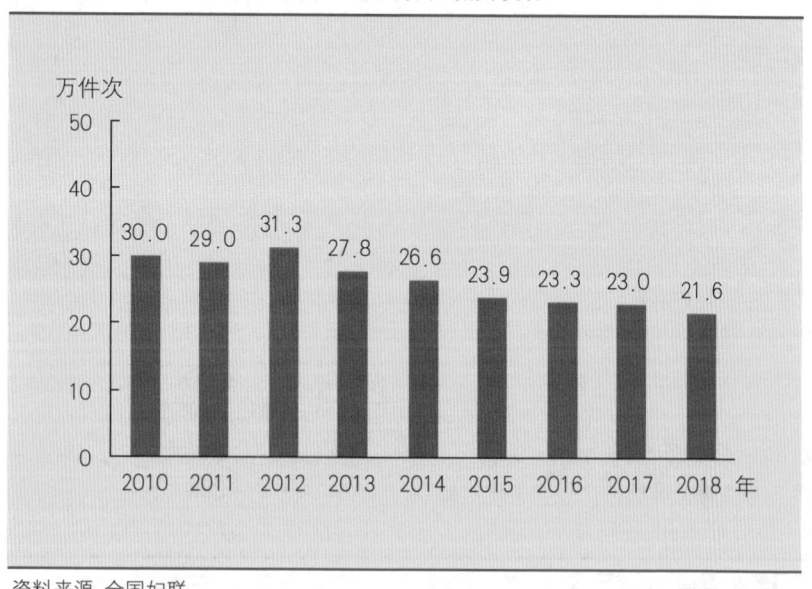

资料来源：全国妇联。

十、社会和生活环境

表10.1 森林资源情况

	单位	2000年	2005年	2017年	2018年
森林面积	万公顷	15894.09	19545.22	20768.73	22044.62
#人工林	万公顷	4708.95	6168.84	6933.38	8003.10
森林蓄积量	亿立方米	112.67	137.21	151.37	175.60
森林覆盖率	%	16.55	20.36	21.63	22.96

资料来源:国家统计局,历年中国统计年鉴。
注:2000年数据为第六次全国森林资源清查(1999—2003)结果。
　　2005年数据为第七次全国森林资源清查(2004—2008)结果。
　　2017年数据为第八次全国森林资源清查(2009—2013)结果。
　　2018年数据为第九次全国森林资源清查(2014—2018)结果。

表10.2 人均水资源量及人均用水量

单位:立方米

年 份	人均水资源量	人均用水量
2010	2310.4	450.2
2011	1730.2	454.4
2012	2186.2	453.9
2013	2059.7	455.5
2014	1998.6	446.7
2015	2039.2	445.1
2016	2354.9	438.1
2017	2074.5	435.9
2018	1971.8	431.9

资料来源:国家统计局,《2019中国统计年鉴》。

表10.3 城市环境情况

单位：%

年份	建成区绿化覆盖率	城市用水普及率	城市污水处理率	城市燃气普及率	生活垃圾无害化处理率	人均公园绿地面积（平方米）
2010	38.6	96.7	82.3	92.0	77.9	11.2
2011	39.2	97.0	83.6	92.4	79.7	11.8
2012	39.6	97.2	87.3	93.2	84.8	12.3
2013	39.7	97.6	89.3	94.3	89.3	12.6
2014	40.1	97.6	90.2	94.6	91.8	13.1
2015	40.1	98.1	91.9	95.3	94.1	13.4
2016	40.3	98.4	93.4	95.8	96.6	13.7
2017	40.9	98.3	94.5	96.3	97.7	14.0
2018	41.1	98.4	95.5	96.7	99.0	14.1

资料来源：国家统计局，历年中国统计年鉴。

表10.4 农村改厕情况和农村集中式供水受益人口比重

年份	累计卫生厕所户数（万户）	#当年新增	卫生厕所普及率（%）	无害化卫生厕所普及率（%）	农村集中式供水受益人口比重（%）
2010	17138.3	1060.4	67.4	45.0	58.0
2011	18108.5	1028.9	69.2	47.3	63.0
2012	18627.5	737.4	71.7	49.7	68.3
2013	19400.6	648.3	74.1	52.4	73.1
2014	19939.3	685.1	76.1	55.2	78.1
2015	20684.3	774.3	78.5	57.5	82.4
2016	21437.1	1290.3	80.4	60.5	84.1
2017	21669.9	1251.9	81.8	62.7	85.0
2018					86.0

资料来源：国家卫生健康委员会、水利部。

表10.5 全国少儿图书馆、博物馆基本情况

年 份	少儿图书馆		博物馆	
	数量(个)	总藏量(万册)	数量(个)	未成年人参观人次(万人次)
2010	97	2159.2	2435	11441.3
2011	94	2321.1	2650	12494.0
2012	99	3217.4	3069	15543.2
2013	105	3165.0	3473	18206.2
2014	108	3392.3	3658	20211.9
2015	113	3698.2	3852	21927.3
2016	122	4230.9	4109	23557.8
2017	122	4368.5	4721	26192.3
2018	123	4635.1	4918	26965.6

资料来源：文化和旅游部。
注：少儿图书馆指县(区、市)以上的少儿图书馆。

表10.6 公共图书馆中少儿阅览室坐席数及少儿文献

年 份	坐席数(个)	少儿文献(万册)
2010	156524	
2011	168647	3099.3
2012	181264	4574.1
2013	196192	5626.3
2014	210662	6377.0
2015	223948	7370.6
2016	242156	8597.0
2017	256151	9999.6
2018	270865	11465.8

资料来源：文化和旅游部。

表10.7　全国儿童出版物情况

年份	儿童期刊 种类（种）	儿童期刊 数量（万册）	儿童图书 种类（种）	儿童图书 数量（万册）	儿童音像制品数量（万盒/张）
2010	98	23683	19794	35781	3780
2011	118	36454		37800	6051
2012	142	39432	30966	47823	4034
2013	144	40907	32400	45686	3149
2014	209	51983	32712	49693	1681
2015	209	54164	36633	55564	2010
2016	212	50692	43639	77789	2488
2017	211	44612	42441	82007	2600
2018	207	39719	44196	88858	2480

资料来源：国家新闻出版署。

表10.8　全国广播、电视综合人口覆盖率

单位：%

年份	广播综合人口覆盖率	电视综合人口覆盖率
2010	96.8	97.6
2011	97.1	97.8
2012	97.5	98.2
2103	97.8	98.4
2014	98.0	98.6
2015	98.2	98.8
2016	98.4	98.9
2017	98.7	99.1
2018	98.9	99.3

资料来源：国家广播电视总局。

表10.9　少儿广播电视节目播出时间

单位：时：分

年　份	少儿广播	少儿电视	电视动画
2011	135768：53	375789：03	280254：37
2012	145525：22	397243：38	304877：17
2013	167613：55	417202：50	293139：57
2014	215763：06	486353：28	304838：35
2015	218063：51	463673：46	309060：10
2016	224816：51	483778：50	328864：19
2017	249777：12	571126：49	362824：48
2018	265774：28	573286：57	374484：46

资料来源：国家广播电视总局。

表10.10　各级表彰或揭晓的五好家庭和"最美家庭"数

单位：万个

年　份	五好家庭	最美家庭
2015	34.3	225.4
2016	34.4	200.5
2017	14.1	173.2
2018	11.9	180.5

资料来源：全国妇联。

十一、分地区统计资料

表11.1 2018年年末人口情况

地区	年末人口（万人）	出生率（‰）	死亡率（‰）	自然增长率（‰）
全 国	139538	10.94	7.13	3.81
北 京	2154	8.24	5.58	2.66
天 津	1560	6.67	5.42	1.25
河 北	7556	11.26	6.38	4.88
山 西	3718	9.63	5.32	4.31
内蒙古	2534	8.35	5.95	2.40
辽 宁	4359	6.39	7.39	-1.00
吉 林	2704	6.62	6.26	0.36
黑龙江	3773	5.98	6.67	-0.69
上 海	2424	7.20	5.40	1.80
江 苏	8051	9.32	7.03	2.29
浙 江	5737	11.02	5.58	5.44
安 徽	6324	12.41	5.96	6.45
福 建	3941	13.20	6.20	7.00
江 西	4648	13.43	6.06	7.37
山 东	10047	13.26	7.18	6.08
河 南	9605	11.72	6.80	4.92
湖 北	5917	11.54	7.00	4.54
湖 南	6899	12.19	7.08	5.11
广 东	11346	12.79	4.55	8.24
广 西	4926	14.12	5.96	8.16
海 南	934	14.48	6.01	8.47
重 庆	3102	11.02	7.54	3.48
四 川	8341	11.05	7.01	4.04
贵 州	3600	13.90	6.85	7.05
云 南	4830	13.19	6.32	6.87
西 藏	344	15.22	4.58	10.64
陕 西	3864	10.67	6.24	4.43
甘 肃	2637	11.07	6.65	4.42
青 海	603	14.31	6.25	8.06
宁 夏	688	13.32	5.54	7.78
新 疆	2487	10.69	4.56	6.13

资料来源：国家统计局，《2019年中国统计年鉴》。

注：1. 本表数据根据2018年全国人口变动情况抽样调查数据推算。全国总人口根据抽样误差和调查误差进行了修正，分地区人口未作修正。

2. 全国总人口包括现役军人数，分地区数字中未包括。

表11.2 2018年人口数及性别构成

地区	样本人口数（人）	#女	性别构成(%)	
			男	女
全 国	**1144648**	**559349**	**51.1**	**48.9**
北 京	17673	8892	49.7	50.3
天 津	12794	5931	53.6	46.4
河 北	61907	30697	50.4	49.6
山 西	30481	14888	51.2	48.8
内蒙古	20781	10174	51.0	49.0
辽 宁	35744	17839	50.1	49.9
吉 林	22173	10975	50.5	49.5
黑龙江	30946	15249	50.7	49.3
上 海	19877	9621	51.6	48.4
江 苏	65996	32441	50.8	49.2
浙 江	47034	22616	51.9	48.1
安 徽	51812	25145	51.5	48.5
福 建	32309	15503	52.0	48.0
江 西	38080	18500	51.4	48.6
山 东	82408	41045	50.2	49.8
河 南	78679	38864	50.6	49.4
湖 北	48498	23525	51.5	48.5
湖 南	56516	28047	50.4	49.6
广 东	93024	42815	54.0	46.0
广 西	40353	19357	52.0	48.0
海 南	7658	3741	51.1	48.9
重 庆	25416	12686	50.1	49.9
四 川	68344	34400	49.7	50.3
贵 州	29487	14084	52.2	47.8
云 南	39584	19061	51.8	48.2
西 藏	2817	1416	49.7	50.3
陕 西	31684	15804	50.1	49.9
甘 肃	21614	10613	50.9	49.1
青 海	4945	2373	52.0	48.0
宁 夏	5638	2844	49.6	50.4
新 疆	20375	10200	49.9	50.1

资料来源：国家统计局，《2019年中国统计年鉴》。
注：本表是2018年全国人口变动情况抽样调查样本数据，抽样比为0.820‰。

表11.3 2018年分年龄人口数

单位：人

地区	样本人口数	0-14岁	15-64岁	65岁及以上
全国	1144648	192963	815039	136645
北京	17673	1850	13834	1989
天津	12794	1314	10083	1397
河北	61907	11440	42612	7854
山西	30481	4753	22580	3147
内蒙古	20781	2759	15976	2047
辽宁	35744	3628	26763	5353
吉林	22173	2725	16705	2743
黑龙江	30946	3267	23899	3780
上海	19877	1955	14950	2972
江苏	65996	9061	47499	9435
浙江	47034	6441	34485	6108
安徽	51812	9631	35341	6840
福建	32309	5402	23842	3065
江西	38080	7725	26648	3707
山东	82408	14842	55071	12495
河南	78679	16761	53220	8698
湖北	48498	7445	34995	6059
湖南	56516	11013	38446	7057
广东	93024	15729	69608	7687
广西	40353	8821	27486	4046
海南	7658	1469	5561	629
重庆	25416	4303	17435	3678
四川	68344	11185	46915	10244
贵州	29487	6558	19585	3344
云南	39584	7157	28637	3790
西藏	2817	663	1994	160
陕西	31684	4555	23592	3536
甘肃	21614	3802	15366	2446
青海	4945	967	3603	375
宁夏	5638	1131	4000	507
新疆	20375	4610	14307	1458

资料来源：国家统计局，《2019年中国统计年鉴》。
注：本表是2018年全国人口变动情况抽样调查样本数据，抽样比为0.820‰。

表11.4 2018年平均家庭户规模及抚养比

地 区	家庭户规模（人/户）	总抚养比（%）	少儿抚养比	老年人口抚养比
全 国	**3.00**	**40.44**	**23.68**	**16.77**
北 京	2.58	27.75	13.37	14.38
天 津	2.70	26.89	13.03	13.85
河 北	3.12	45.28	26.85	18.43
山 西	2.99	34.99	21.05	13.94
内蒙古	2.62	30.08	17.27	12.81
辽 宁	2.55	33.56	13.56	20.00
吉 林	2.66	32.73	16.31	16.42
黑龙江	2.59	29.49	13.67	15.82
上 海	2.43	32.96	13.08	19.88
江 苏	3.04	38.94	19.08	19.86
浙 江	2.58	36.39	18.68	17.71
安 徽	3.11	46.61	27.25	19.35
福 建	2.94	35.51	22.66	12.86
江 西	3.45	42.90	28.99	13.91
山 东	2.85	49.64	26.95	22.69
河 南	3.41	47.84	31.49	16.34
湖 北	3.00	38.59	21.27	17.31
湖 南	3.29	47.00	28.65	18.36
广 东	3.02	33.64	22.60	11.04
广 西	3.40	46.81	32.09	14.72
海 南	3.59	37.72	26.42	11.30
重 庆	2.90	45.77	24.68	21.09
四 川	2.91	45.67	23.84	21.83
贵 州	3.26	50.56	33.49	17.08
云 南	3.30	38.23	24.99	13.24
西 藏	3.86	41.27	33.23	8.04
陕 西	2.98	34.30	19.31	14.99
甘 肃	3.43	40.66	24.74	15.92
青 海	3.25	37.25	26.83	10.42
宁 夏	3.17	40.96	28.29	12.67
新 疆	3.10	42.42	32.22	10.19

资料来源：国家统计局，《2019年中国统计年鉴》。

表11.5 2018年居民人均可支配收入

单位：元

地 区	合计	城镇	农村
全 国	**28228.0**	**39250.8**	**14617.0**
北 京	62361.2	67989.9	26490.3
天 津	39506.1	42976.3	23065.2
河 北	23445.7	32977.2	14030.9
山 西	21990.1	31034.8	11750.0
内蒙古	28375.7	38304.7	13802.6
辽 宁	29701.4	37341.9	14656.3
吉 林	22798.4	30171.9	13748.2
黑龙江	22725.8	29191.3	13803.7
上 海	64182.6	68033.6	30374.7
江 苏	38095.8	47200.0	20845.1
浙 江	45839.8	55574.3	27302.4
安 徽	23983.6	34393.1	13996.0
福 建	32643.9	42121.3	17821.2
江 西	24079.7	33819.4	14459.9
山 东	29204.6	39549.4	16297.0
河 南	21963.5	31874.2	13830.7
湖 北	25814.5	34454.6	14977.8
湖 南	25240.7	36698.3	14092.5
广 东	35809.9	44341.0	17167.7
广 西	21485.0	32436.1	12434.8
海 南	24579.0	33348.7	13988.9
重 庆	26385.8	34889.3	13781.2
四 川	22460.6	33215.9	13331.4
贵 州	18430.2	31591.9	9716.1
云 南	20084.2	33487.9	10767.9
西 藏	17286.1	33797.4	11449.8
陕 西	22528.3	33319.7	11212.8
甘 肃	17488.4	29957.0	8804.1
青 海	20757.3	31514.5	10393.3
宁 夏	22400.4	31895.2	11707.6
新 疆	21500.2	32763.5	11974.5

资料来源：国家统计局，《2019中国统计年鉴》。

表11.6　2018年分性别小学学龄儿童净入学率

单位：%

地区	净入学率	男	女
全国	**99.95**	**99.95**	**99.95**
北　京	100.00	100.00	100.00
天　津	100.00	100.00	100.00
河　北	99.96	99.95	99.98
山　西	99.95	99.94	99.95
内蒙古	100.00	100.00	100.00
辽　宁	99.91	99.89	99.93
吉　林	99.97	99.96	99.97
黑龙江	99.97	99.97	99.97
上　海	99.96	99.96	99.96
江　苏	100.00	100.00	100.00
浙　江	100.00	100.00	100.00
安　徽	99.98	99.98	99.99
福　建	99.99	99.99	100.00
江　西	100.00	100.00	100.00
山　东	100.00	100.00	100.00
河　南	99.99	99.99	100.00
湖　北	100.00	100.00	100.00
湖　南	99.98	99.98	99.98
广　东	99.97	99.97	99.97
广　西	99.75	99.74	99.76
海　南	99.89	99.88	99.90
重　庆	99.99	99.99	99.99
四　川	99.92	99.91	99.93
贵　州	99.66	99.69	99.63
云　南	99.86	99.88	99.85
西　藏	99.50	99.60	99.40
陕　西	99.97	99.97	99.97
甘　肃	99.99	99.98	99.99
青　海	99.79	99.86	99.72
宁　夏	100.00	100.00	100.00
新　疆	99.94	99.94	99.94

资料来源：教育部。

表11.7　2018年各级学校生师比（教师人数＝1）

地　区	普通小学	初中	普通高中	中等职业学校	普通高校
全　国	16.97	12.79	13.10	19.10	17.56
北　京	13.65	7.83	7.44	10.13	16.94
天　津	15.03	10.20	9.63	15.53	18.67
河　北	17.32	14.17	13.37	15.55	17.39
山　西	13.60	10.50	10.63	12.92	17.62
内蒙古	13.33	10.93	11.60	13.31	17.41
辽　宁	14.27	9.96	11.75	14.44	17.18
吉　林	11.27	10.04	13.27	9.01	17.98
黑龙江	11.93	10.48	12.85	13.34	15.31
上　海	14.09	10.55	8.62	12.69	16.34
江　苏	17.73	11.83	10.26	14.72	15.68
浙　江	17.14	12.66	10.93	15.29	15.29
安　徽	18.32	13.16	13.67	27.55	18.21
福　建	18.68	12.64	12.39	20.37	16.12
江　西	17.95	16.07	17.26	27.30	18.06
山　东	16.86	12.26	11.90	15.54	18.02
河　南	18.18	14.38	16.02	22.85	18.43
湖　北	18.01	12.24	12.48	18.57	18.17
湖　南	19.01	13.71	14.70	22.67	18.18
广　东	18.64	13.00	12.25	19.66	17.42
广　西	18.50	15.48	17.40	33.36	18.37
海　南	16.40	13.44	12.66	26.39	17.70
重　庆	16.56	13.43	15.46	20.24	17.64
四　川	16.84	12.78	13.94	21.64	19.33
贵　州	17.89	14.10	15.13	27.16	18.22
云　南	16.62	14.07	14.62	24.18	20.44
西　藏	14.54	12.01	10.75	13.01	14.92
陕　西	16.18	11.02	12.59	16.61	17.69
甘　肃	13.24	10.88	12.01	13.30	17.40
青　海	17.68	13.62	13.03	32.66	15.75
宁　夏	16.86	14.19	13.06	25.11	17.26
新　疆	15.30	10.75	12.29	23.73	19.01

资料来源：教育部。

表11.8　2018年每十万人口各级学校平均在校生数

单位：人

地区	学前教育	小学	初中阶段[1]	高中阶段[2]	高等教育[3]
全　国	3350	7438	3347	2828	2658
北　京	2076	4206	1285	1151	5268
天　津	1689	4324	1800	1752	4150
河　北	3194	8761	3765	2885	2457
山　西	2668	6172	3073	2919	2383
内蒙古	2439	5306	2517	2449	1984
辽　宁	2091	4474	2255	2195	2866
吉　林	1543	4424	2431	2076	3131
黑龙江	1378	3481	2462	2079	2405
上　海	2363	3309	1789	1082	3517
江　苏	3183	6980	2812	2323	3143
浙　江	3419	6374	2854	2581	2370
安　徽	3313	7304	3344	3065	2245
福　建	4306	8218	3291	2659	2355
江　西	3490	9113	4478	3242	2771
山　东	3074	7255	3455	2723	2588
河　南	4582	10405	4727	3631	2653
湖　北	2949	6211	2690	2153	3088
湖　南	3283	7609	3505	2891	2610
广　东	4021	8849	3335	2917	2542
广　西	4499	9760	4353	3756	2602
海　南	4040	8983	3810	3362	2305
重　庆	3132	6814	3400	3268	3081
四　川	3142	6691	3154	2799	2409
贵　州	4328	10384	5051	4379	2254
云　南	2981	7905	3877	3147	2166
西　藏	3660	9684	3840	2508	1616
陕　西	3685	6926	2830	2894	3562
甘　肃	3596	7222	3313	2954	2258
青　海	3590	8128	3726	3697	1426
宁　夏	3542	8526	4259	3330	2379
新　疆	6371	9926	3781	3631	1954

资料来源：教育部。
注：1．包括普通初中和职业初中。
　　2．包括普通高中、成人高中、普通中专、职业高中、技工学校和成人中专。
　　3．包括普通高等学校和成人高等学校。

表11.9　2018年文盲人口占15岁及以上人口的比重

单位：%

地　区	文盲人口占15岁及以上人口比重	男	女
全　国	**4.94**	**2.42**	**7.52**
北　京	1.69	1.13	2.25
天　津	1.39	0.61	2.28
河　北	3.95	2.01	5.87
山　西	2.47	1.31	3.67
内蒙古	4.58	2.63	6.59
辽　宁	1.55	0.98	2.12
吉　林	2.80	1.51	4.10
黑龙江	2.34	1.38	3.32
上　海	2.38	1.01	3.81
江　苏	5.77	2.43	9.16
浙　江	4.93	2.21	7.82
安　徽	6.75	3.12	10.50
福　建	6.72	2.52	11.17
江　西	4.13	1.63	6.64
山　东	7.04	3.13	10.88
河　南	4.83	2.54	7.05
湖　北	4.81	2.37	7.35
湖　南	3.12	1.57	4.64
广　东	2.67	1.00	4.61
广　西	3.18	1.35	5.12
海　南	3.97	1.94	6.03
重　庆	3.83	1.93	5.69
四　川	7.49	3.89	10.96
贵　州	9.93	4.68	15.50
云　南	8.14	4.74	11.76
西　藏	35.23	26.21	43.95
陕　西	4.96	2.64	7.26
甘　肃	10.35	5.46	15.32
青　海	10.24	5.73	15.10
宁　夏	9.24	5.43	12.87
新　疆	3.68	2.76	4.58

资料来源：国家统计局，《2019年中国统计年鉴》。

表11.10 2018年城镇职工基本养老保险参保人数及性别构成

地 区	参保人数（万人）	#女	性别构成(%) 男	性别构成(%) 女
全 国	**41901.6**	**18666.8**	**55.5**	**44.5**
北 京	1685.8	719.3	57.3	42.7
天 津	683.2	379.1	44.5	55.5
河 北	1586.1	706.3	55.5	44.5
山 西	837.6	290.0	65.4	34.6
内蒙古	733.5	302.2	58.8	41.2
辽 宁	1994.8	985.1	50.6	49.4
吉 林	862.4	392.9	54.4	45.6
黑龙江	1308.5	606.2	53.7	46.3
上 海	1573.4	749.3	52.4	47.6
江 苏	3225.6	1556.8	51.7	48.3
浙 江	2883.4	1321.2	54.2	45.8
安 徽	1141.7	528.2	53.7	46.3
福 建	1074.3	490.2	54.4	45.6
江 西	1052.8	444.9	57.7	42.3
山 东	2762.7	1197.1	56.7	43.3
河 南	2006.5	619.8	69.1	30.9
湖 北	1601.6	775.4	51.6	48.4
湖 南	1402.4	553.2	60.6	39.4
广 东	4919.7	2177.1	55.7	44.3
广 西	825.9	344.9	58.2	41.8
海 南	258.0	113.1	56.2	43.8
重 庆	1051.2	531.1	49.5	50.5
四 川	2543.7	1283.5	49.5	50.5
贵 州	639.8	261.9	59.1	40.9
云 南	616.2	251.4	59.2	40.8
西 藏	46.2	20.9	54.8	45.2
陕 西	992.0	389.8	60.7	39.3
甘 肃	454.7	192.1	57.8	42.2
青 海	145.1	65.3	55.0	45.0
宁 夏	216.1	111.4	48.5	51.5
新 疆	523.3	224.0	57.2	42.8
新疆兵团	172.0	83.1	51.7	48.3

资料来源：人力资源和社会保障部。
注：女性人数中未包括中央单位人数。

表11.11　2018年城乡居民基本养老保险参保人数及性别构成

地区	参保人数（万人）	#女	性别构成(%) 男	性别构成(%) 女
全国	52391.7	24244.3	53.7	46.3
北京	209.0	117.1	44.0	56.0
天津	161.2	90.4	43.9	56.1
河北	3511.6	1799.7	48.8	51.2
山西	1579.3	553.7	64.9	35.1
内蒙古	749.9	291.5	61.1	38.9
辽宁	1040.8	541.2	48.0	52.0
吉林	684.3	346.2	49.4	50.6
黑龙江	896.8	457.4	49.0	51.0
上海	78.7	41.9	46.7	53.3
江苏	2325.4	385.0	83.4	16.6
浙江	1197.8	589.0	50.8	49.2
安徽	3487.8	1849.5	47.0	53.0
福建	1525.6	773.4	49.3	50.7
江西	1884.1	975.1	48.2	51.8
山东	4551.9	2373.1	47.9	52.1
河南	5082.5	2532.6	50.2	49.8
湖北	2282.8	1132.1	50.4	49.6
湖南	3405.0	1629.2	52.2	47.8
广东	2661.1	807.1	69.7	30.3
广西	1889.6	927.7	50.9	49.1
海南	298.2	121.8	59.2	40.8
重庆	1119.6	546.4	51.2	48.8
四川	3222.4	1542.1	52.1	47.9
贵州	1802.7	840.0	53.4	46.6
云南	2361.0	1115.0	52.8	47.2
西藏	165.9		100.0	
陕西	1741.7	738.6	57.6	42.4
甘肃	1317.0	592.8	55.0	45.0
青海	245.6	127.9	47.9	52.1
宁夏	181.4	93.6	48.4	51.6
新疆	713.3	304.9	57.2	42.8
新疆兵团	17.8	8.2	54.1	45.9

资料来源：人力资源和社会保障部。
注：女性数据为不完全统计数据。

表11.12　2018年城镇职工基本医疗保险参保人数及性别构成

地　区	参保人数（万人）	#女	性别构成(%)	
			男	女
全　国	**31680.8**	**14945.4**	**52.8**	**47.2**
北　京	1628.9	751.2	53.9	46.1
天　津	575.3	276.8	51.9	48.1
河　北	1030.2	367.0	64.4	35.6
山　西	686.6	304.0	55.7	44.3
内蒙古	505.3	269.4	46.7	53.3
辽　宁	1567.9	916.9	41.5	58.5
吉　林	576.0	292.2	49.3	50.7
黑龙江	856.2	397.0	53.6	46.4
上　海	1523.3	688.9	54.8	45.2
江　苏	2752.6	1369.0	50.3	49.7
浙　江	2277.0	1089.4	52.2	47.8
安　徽	854.6	375.3	56.1	43.9
福　建	853.1	406.1	52.4	47.6
江　西	573.7	288.0	49.8	50.2
山　东	2072.1	892.5	56.9	43.1
河　南	1265.1	549.3	56.6	43.4
湖　北	1054.0	491.5	53.4	46.6
湖　南	898.5	410.5	54.3	45.7
广　东	4170.7	1986.9	52.4	47.6
广　西	588.5	293.4	50.1	49.9
海　南	225.7	108.3	52.0	48.0
重　庆	678.3	319.4	52.9	47.1
四　川	1667.7	848.0	49.1	50.9
贵　州	432.0	193.5	55.2	44.8
云　南	506.9	243.8	51.9	48.1
西　藏	43.9	18.0	59.0	41.0
陕　西	674.4	270.0	60.0	40.0
甘　肃	331.6	143.1	56.8	43.2
青　海	99.4	42.0	57.7	42.3
宁　夏	131.9	59.6	54.8	45.2
新　疆	441.6	211.7	52.1	47.9
新疆兵团	137.9	72.4	47.5	52.5

资料来源：国家医疗保障局。

表11.13 2018年失业保险参保人数及性别构成

地区	参保人数（万人）	#女	性别构成(%) 男	性别构成(%) 女
全国	19643.5	8341.4	57.5	42.5
北京	1240.7	546.6	55.9	44.1
天津	323.4	129.4	60.0	40.0
河北	546.0	214.6	60.7	39.3
山西	431.1	130.4	69.7	30.3
内蒙古	255.5	98.6	61.4	38.6
辽宁	679.6	304.4	55.2	44.8
吉林	269.5	121.3	55.0	45.0
黑龙江	318.0	128.1	59.7	40.3
上海	977.2	421.1	56.9	43.1
江苏	1671.3	741.5	55.6	44.4
浙江	1478.4	648.0	56.2	43.8
安徽	505.5	200.6	60.3	39.7
福建	570.3	258.8	54.6	45.4
江西	288.0	110.4	61.7	38.3
山东	1318.5	570.7	56.7	43.3
河南	819.9	326.0	60.2	39.8
湖北	590.8	256.0	56.7	43.3
湖南	584.2	226.0	61.3	38.7
广东	3361.7	1445.6	57.0	43.0
广西	323.5	158.8	50.9	49.1
海南	173.4	74.6	57.0	43.0
重庆	489.8	212.4	56.6	43.4
四川	875.1	386.0	55.9	44.1
贵州	257.3	105.9	58.8	41.2
云南	273.1	118.7	56.6	43.4
西藏	17.7	6.9	61.0	39.0
陕西	372.4	139.6	62.5	37.5
甘肃	168.3	71.9	57.3	42.7
青海	42.3	14.5	65.7	34.3
宁夏	92.0	36.7	60.0	40.0
新疆	261.8	110.2	57.9	42.1
新疆兵团	67.0	27.0	59.7	40.3

资料来源：人力资源和社会保障部。

表11.14 2018年工伤保险参保人数及性别构成

地 区	参保人数（万人）	#女	性别构成(%)	
			男	女
全 国	23874.4	9312.8	61.0	39.0
北 京	1187.0	507.5	57.2	42.8
天 津	398.5	134.2	66.3	33.7
河 北	880.3	324.3	63.2	36.8
山 西	596.6	196.4	67.1	32.9
内蒙古	325.5	118.4	63.6	36.4
辽 宁	841.1	336.4	60.0	40.0
吉 林	441.4	177.0	59.9	40.1
黑龙江	520.1	185.8	64.3	35.7
上 海	972.9	419.2	56.9	43.1
江 苏	1777.5	769.9	56.7	43.3
浙 江	2087.8	782.8	62.5	37.5
安 徽	603.5	233.5	61.3	38.7
福 建	853.9	354.3	58.5	41.5
江 西	534.6	190.4	64.4	35.6
山 东	1633.0	593.1	63.7	36.3
河 南	926.3	299.1	67.7	32.3
湖 北	675.6	265.4	60.7	39.3
湖 南	793.8	282.3	64.4	35.6
广 东	3592.5	1476.8	58.9	41.1
广 西	412.6	199.1	51.7	48.3
海 南	152.9	67.6	55.8	44.2
重 庆	577.1	216.0	62.6	37.4
四 川	1012.6	441.7	56.4	43.6
贵 州	355.8	129.4	63.6	36.4
云 南	403.9	163.4	59.5	40.5
西 藏	35.7	16.1	54.9	45.1
陕 西	528.0	160.7	69.6	30.4
甘 肃	219.4	74.1	66.2	33.8
青 海	69.2	18.4	73.4	26.6
宁 夏	93.3	39.3	57.9	42.1
新 疆	292.0	114.2	60.9	39.1
新疆兵团	80.4	25.8	67.9	32.1

资料来源：人力资源和社会保障部。

表11.15 2018年生育保险参保人数及性别构成

地区	参保人数（万人）	#女	性别构成(%) 男	性别构成(%) 女
全　国	20434.1	8926.8	56.3	43.7
北　京	1104.0	485.8	56.0	44.0
天　津	330.4	136.6	58.7	41.3
河　北	774.2	341.8	55.8	44.2
山　西	481.9	200.2	58.5	41.5
内蒙古	319.5	145.8	54.4	45.6
辽　宁	777.8	362.5	53.4	46.6
吉　林	370.3	157.9	57.4	42.6
黑龙江	350.2	132.9	62.0	38.0
上　海	984.9	426.9	56.7	43.3
江　苏	1694.5	750.9	55.7	44.3
浙　江	1477.3	643.0	56.5	43.5
安　徽	586.3	234.5	60.0	40.0
福　建	651.9	292.1	55.2	44.8
江　西	290.1	137.9	52.5	47.5
山　东	1235.4	520.1	57.9	42.1
河　南	755.4	344.6	54.4	45.6
湖　北	540.0	240.2	55.5	44.5
湖　南	571.8	250.0	56.3	43.7
广　东	3495.3	1522.6	56.4	43.6
广　西	366.2	172.0	53.0	47.0
海　南	152.6	65.5	57.1	42.9
重　庆	439.5	192.2	56.3	43.7
四　川	878.2	397.2	54.8	45.2
贵　州	325.9	145.6	55.3	44.7
云　南	339.5	150.9	55.6	44.4
西　藏	32.4	13.7	57.6	42.4
陕　西	401.9	165.5	58.8	41.2
甘　肃	202.9	82.6	59.3	40.7
青　海	58.1	24.0	58.8	41.2
宁　夏	88.1	36.9	58.1	41.9
新　疆	289.4	127.0	56.1	43.9
新疆兵团	68.2	27.6	59.5	40.5

资料来源：国家医疗保障局。

表11.16 2018年就业困难人员实现就业人数及性别构成

地 区	人数（人）	#女	性别构成(%)	
			男	女
全 国	2674141	1313687	50.9	49.1
北 京	104750	48058	54.1	45.9
天 津	56217	27667	50.8	49.2
河 北	124616	54821	56.0	44.0
山 西	47194	17705	62.5	37.5
内蒙古	59737	31159	47.8	52.2
辽 宁	120820	58665	51.4	48.6
吉 林	64346	33435	48.0	52.0
黑龙江	174843	81469	53.4	46.6
上 海	49165	22488	54.3	45.7
江 苏	194521	99722	48.7	51.3
浙 江	159263	83079	47.8	52.2
安 徽	54787	30827	43.7	56.3
福 建	43043	19873	53.8	46.2
江 西	53505	25244	52.8	47.2
山 东	100585	55294	45.0	55.0
河 南	120143	62888	47.7	52.3
湖 北	173794	83064	52.2	47.8
湖 南	117962	54560	53.7	46.3
广 东	167948	93646	44.2	55.8
广 西	39933	23518	41.1	58.9
海 南	12141	5576	54.1	45.9
重 庆	132146	70653	46.5	53.5
四 川	113936	50304	55.8	44.2
贵 州	70017	29316	58.1	41.9
云 南	122338	56306	54.0	46.0
西 藏	7486	3045	59.3	40.7
陕 西	72852	31690	56.5	43.5
甘 肃	46180	22482	51.3	48.7
青 海	4296	1777	58.6	41.4
宁 夏	9012	4781	46.9	53.1
新 疆	41380	22674	45.2	54.8
新疆兵团	15185	7901	48.0	52.0

资料来源：人力资源和社会保障部。

表11.17　2018年提供住宿的民政服务机构基本情况

地　区	机构数(个)	#养老	#儿童
全　国	**31291**	**28671**	**651**
北　京	563	533	12
天　津	321	306	2
河　北	1288	1224	7
山　西	570	496	14
内蒙古	747	693	9
辽　宁	1678	1581	12
吉　林	1347	1281	10
黑龙江	1290	1201	15
上　海	697	669	4
江　苏	2308	2191	33
浙　江	1538	1464	17
安　徽	1680	1585	33
福　建	363	290	13
江　西	1472	1386	14
山　东	1761	1688	17
河　南	1525	1394	23
湖　北	1715	1577	46
湖　南	1679	1510	41
广　东	1711	1571	52
广　西	484	375	40
海　南	29	22	1
重　庆	810	756	6
四　川	2572	2248	83
贵　州	1005	885	25
云　南	623	518	27
西　藏	12	5	6
陕　西	622	522	19
甘　肃	264	212	15
青　海	56	40	6
宁　夏	116	91	7
新　疆	444	357	42

资料来源:民政部。
注:全国数据中包括部本级单位。

表11.17 续

地 区	床位数(张)	收留抚养救助人数(人)	#女
全 国	**4081430**	**2119096**	**626501**
北 京	113788	48104	24166
天 津	50637	26049	11161
河 北	173591	78240	19836
山 西	51364	27553	4395
内蒙古	90812	44940	10564
辽 宁	155434	85595	25979
吉 林	131562	75011	15027
黑龙江	148954	87924	23670
上 海	138829	87593	53655
江 苏	412652	196208	55532
浙 江	296294	127793	42792
安 徽	225930	111718	25665
福 建	53646	22723	6881
江 西	153021	117124	34140
山 东	293764	137250	44333
河 南	151947	88357	22478
湖 北	240123	126010	37104
湖 南	148139	88233	22907
广 东	220919	91238	40649
广 西	60734	27168	10429
海 南	4438	1686	788
重 庆	93561	51131	16108
四 川	319579	192087	34557
贵 州	82751	42449	8926
云 南	63929	26871	5821
西 藏	10906	4576	561
陕 西	92205	49019	11320
甘 肃	26927	12715	2589
青 海	7931	3443	553
宁 夏	16515	7137	1886
新 疆	50398	33002	11951

资料来源：民政部。

表11.18 2018年城市居民最低生活保障人数及性别构成

地 区	城市居民最低生活保障人数（人）	#女	性别构成(%) 男	性别构成(%) 女
全 国	10070131	4515931	55.2	44.8
北 京	67325	29207	56.6	43.4
天 津	80373	37757	53.0	47.0
河 北	236550	103767	56.1	43.9
山 西	357999	160767	55.1	44.9
内蒙古	388421	191600	50.7	49.3
辽 宁	455285	186877	59.0	41.0
吉 林	509322	246782	51.5	48.5
黑龙江	740715	335523	54.7	45.3
上 海	154122	60652	60.6	39.4
江 苏	144737	64150	55.7	44.3
浙 江	219770	90129	59.0	41.0
安 徽	426828	181848	57.4	42.6
福 建	60851	27157	55.4	44.6
江 西	689558	289621	58.0	42.0
山 东	159119	76217	52.1	47.9
河 南	500633	198226	60.4	39.6
湖 北	378059	178372	52.8	47.2
湖 南	596721	283227	52.5	47.5
广 东	173417	70119	59.6	40.4
广 西	119902	54059	54.9	45.1
海 南	48345	20964	56.6	43.4
重 庆	311400	140945	54.7	45.3
四 川	937070	371789	60.3	39.7
贵 州	340920	148071	56.6	43.4
云 南	483427	242489	49.8	50.2
西 藏	28991	11229	61.3	38.7
陕 西	259387	127084	51.0	49.0
甘 肃	496705	225196	54.7	45.3
青 海	76572	41923	45.3	54.7
宁 夏	97383	49399	49.3	50.7
新 疆	530224	270785	48.9	51.1

资料来源：民政部。

表11.19　2018年农村居民最低生活保障人数及性别构成

地　区	农村居民最低生活保障人数（人）	#女	性别构成(%) 男	性别构成(%) 女
全　国	35190789	14764877	58.0	42.0
北　京	37691	15231	59.6	40.4
天　津	62178	23752	61.8	38.2
河　北	1221638	462129	62.2	37.8
山　西	1005439	431250	57.1	42.9
内蒙古	1251522	658133	47.4	52.6
辽　宁	599435	228546	61.9	38.1
吉　林	593931	300457	49.4	50.6
黑龙江	892972	432992	51.5	48.5
上　海	35012	17578	49.8	50.2
江　苏	748075	305373	59.2	40.8
浙　江	506113	206797	59.1	40.9
安　徽	1806379	732222	59.5	40.5
福　建	378088	158368	58.1	41.9
江　西	1677864	593351	64.6	35.4
山　东	1171327	475711	59.4	40.6
河　南	2577942	923329	64.2	35.8
湖　北	1337592	616837	53.9	46.1
湖　南	1267571	578980	54.3	45.7
广　东	1237512	451799	63.5	36.5
广　西	1822053	827557	54.6	45.4
海　南	146704	65140	55.6	44.4
重　庆	580926	263428	54.7	45.3
四　川	3399154	1167152	65.7	34.3
贵　州	2267631	958150	57.7	42.3
云　南	2549460	1173915	54.0	46.0
西　藏	173361	70828	59.1	40.9
陕　西	856647	373767	56.4	43.6
甘　肃	2336428	923899	60.5	39.5
青　海	308911	154677	49.9	50.1
宁　夏	365539	171241	53.2	46.8
新　疆	1975694	1002288	49.3	50.7

资料来源：民政部。

表11.20 2018年城乡居民最低生活保障平均标准

地 区	城市平均低保标准（元/人月）	农村平均低保标准（元/人年）
全 国	**579.7**	**4833.4**
北 京	1000.0	12000.0
天 津	920.0	11040.0
河 北	601.3	4321.7
山 西	495.8	4072.6
内蒙古	640.5	5453.8
辽 宁	590.2	4629.7
吉 林	506.9	3881.1
黑龙江	564.8	3974.1
上 海	1070.0	12840.0
江 苏	682.4	7777.1
浙 江	762.6	9083.3
安 徽	569.7	5891.8
福 建	605.6	7127.3
江 西	577.4	4111.7
山 东	532.4	4482.0
河 南	492.9	3617.4
湖 北	605.0	5275.2
湖 南	468.8	4097.9
广 东	748.6	7114.5
广 西	589.6	3812.3
海 南	485.6	4310.4
重 庆	546.0	4984.9
四 川	507.2	4009.1
贵 州	591.7	4191.3
云 南	566.8	3651.9
西 藏	805.0	4005.7
陕 西	568.1	4221.0
甘 肃	489.1	3978.8
青 海	503.2	3713.1
宁 夏	570.0	3965.5
新 疆	433.5	3842.3

资料来源：民政部。

表11.21　2018年农村特困人员人数及性别构成

地区	人数（人）	#女	性别构成(%)	
			男	女
全　国	**4549686**	**570040**	**87.5**	**12.5**
北　京	4599	290	93.7	6.3
天　津	9961	871	91.3	8.7
河　北	250492	12838	94.9	5.1
山　西	136969	7767	94.3	5.7
内蒙古	82390	4662	94.3	5.7
辽　宁	126532	10462	91.7	8.3
吉　林	105484	16599	84.3	15.7
黑龙江	102746	18466	82.0	18.0
上　海	2280	212	90.7	9.3
江　苏	201593	20450	89.9	10.1
浙　江	26149	2644	89.9	10.1
安　徽	376946	48798	87.1	12.9
福　建	65083	6786	89.6	10.4
江　西	202996	55059	72.9	27.1
山　东	223680	18608	91.7	8.3
河　南	496377	58959	88.1	11.9
湖　北	244294	32745	86.6	13.4
湖　南	369711	50726	86.3	13.7
广　东	220202	26618	87.9	12.1
广　西	238906	26651	88.8	11.2
海　南	24148	4409	81.7	18.3
重　庆	97076	7721	92.0	8.0
四　川	445371	45349	89.8	10.2
贵　州	80987	9699	88.0	12.0
云　南	117639	29185	75.2	24.8
西　藏	19102	9019	52.8	47.2
陕　西	120963	10969	90.9	9.1
甘　肃	100553	14927	85.2	14.8
青　海	17925	5899	67.1	32.9
宁　夏	9958	2682	73.1	26.9
新　疆	28574	9970	65.1	34.9

资料来源：民政部。

表11.22 2018年社区服务机构和设施基本情况

单位：个

地 区	社区服务机构和设施	社区服务指导中心	社区服务中心	社区服务站	其他
全 国	426524	569	27635	148779	249541
北 京	11895	17	203	6446	5229
天 津	2865	9	366	1733	757
河 北	36290	12	415	1892	33971
山 西	6427	13	539	1561	4314
内蒙古	4535	2	980	1090	2463
辽 宁	7962	13	882	4424	2643
吉 林	1901	4	533	1207	157
黑龙江	3353	20	622	1374	1337
上 海	6425	7	243	2682	3493
江 苏	43458	56	3621	14965	24816
浙 江	35775	22	3252	13784	18717
安 徽	8060	37	1134	3061	3828
福 建	9995	4	201	3552	6238
江 西	4130	41	403	1325	2361
山 东	26656	79	1395	8739	16443
河 南	6262	23	988	1869	3382
湖 北	22843	17	1562	6807	14457
湖 南	17175	33	757	4096	12289
广 东	65001	17	2054	22850	40080
广 西	13933	5	290	2061	11577
海 南	2923		19	2686	218
重 庆	8390	5	460	2770	5155
四 川	24599	54	1753	9920	12872
贵 州	23207	11	1466	17424	4306
云 南	5232	4	1767	1444	2017
西 藏	87		5	10	72
陕 西	9627	38	568	2749	6272
甘 肃	10877	13	601	2435	7828
青 海	1765		29	443	1293
宁 夏	2697	2	58	2043	594
新 疆	2179	11	469	1337	362

资料来源：民政部。

表11.23　2018年结婚登记情况

地区	结婚登记（万对）	内地居民	初婚（万人）	再婚（万人）	涉外及华侨港澳台居民（对）	结婚率（‰）
全　国	1013.9	1009.1	1598.7	429.2	48362	7.3
北　京	13.8	13.7	16.9	10.6	847	6.4
天　津	9.7	9.7	15.0	4.5	279	6.3
河　北	45.9	45.7	64.5	27.2	1219	6.1
山　西	27.9	27.8	47.6	8.1	371	7.5
内蒙古	17.7	17.7	23.5	11.9	206	7.0
辽　宁	28.1	27.9	45.6	10.5	1372	6.4
吉　林	19.3	19.2	27.2	11.4	769	7.1
黑龙江	27.8	27.7	46.2	9.4	1262	7.4
上　海	10.5	10.4	13.9	7.1	1402	4.3
江　苏	63.8	63.6	97.3	30.2	1449	7.9
浙　江	33.7	33.4	56.2	11.3	2999	5.9
安　徽	61.9	61.7	95.1	28.7	1845	9.8
福　建	27.4	26.8	45.8	8.9	5357	7.0
江　西	33.1	32.9	54.3	11.8	1823	7.1
山　东	59.9	59.8	84.0	35.9	1316	6.0
河　南	80.9	80.8	135.8	26.0	1328	8.4
湖　北	43.8	43.6	74.9	12.6	1318	7.4
湖　南	42.2	42.0	62.6	21.7	1716	6.1
广　东	71.4	70.4	122.3	20.5	9403	6.3
广　西	36.2	35.7	59.9	12.4	4837	7.4
海　南	7.3	7.2	12.7	1.8	383	7.8
重　庆	25.9	25.8	34.3	17.5	689	8.4
四　川	66.9	66.8	98.6	35.2	1483	8.0
贵　州	40.0	40.0	67.2	12.9	450	11.1
云　南	37.8	37.5	58.0	17.5	2989	7.8
西　藏	3.0	3.0	5.8	0.2	3	8.8
陕　西	30.0	30.0	46.7	13.3	508	7.8
甘　肃	21.1	21.0	38.4	3.7	575	8.0
青　海	5.7	5.7	9.6	1.9	25	9.5
宁　夏	6.1	6.1	9.9	2.2	43	8.9
新　疆	15.4	15.4	28.5	2.2	96	6.2

资料来源：民政部。

表11.24 2018年分年龄组结婚登记人数

单位：万人

地区	合计	20—24岁	25—29岁	30—34岁	35—39岁	40岁及以上
全　国	2027.9	435.6	736.2	314.7	154.2	387.2
北　京	27.6	1.7	10.1	6.4	3.5	5.9
天　津	19.5	2.3	6.9	4.3	2.4	3.5
河　北	91.7	22.1	35.7	15.0	7.1	11.9
山　西	55.7	12.5	22.2	6.6	3.3	11.0
内蒙古	35.4	5.1	14.0	6.1	3.3	6.9
辽　宁	56.2	7.7	19.7	11.0	5.5	12.2
吉　林	38.6	4.8	12.4	6.9	3.7	10.7
黑龙江	55.6	6.7	14.9	8.8	5.7	19.6
上　海	21.0	1.2	7.5	4.7	2.6	5.0
江　苏	127.5	22.4	44.3	15.8	8.3	36.8
浙　江	67.5	10.5	28.1	10.8	5.0	13.0
安　徽	123.8	30.8	41.2	13.6	7.6	30.6
福　建	54.7	10.5	22.7	8.8	3.5	9.1
江　西	66.1	18.5	23.0	8.7	4.2	11.8
山　东	119.8	26.4	45.6	21.4	9.2	17.2
河　南	161.8	38.8	57.0	22.2	13.1	30.6
湖　北	87.6	13.9	34.8	14.3	5.9	18.7
湖　南	84.3	17.4	31.7	15.5	7.1	12.6
广　东	142.8	34.6	60.3	23.1	9.5	15.2
广　西	72.4	16.8	24.8	14.6	6.4	9.7
海　南	14.5	3.0	5.2	2.4	1.2	2.8
重　庆	51.8	12.8	16.9	7.5	3.7	10.9
四　川	133.8	35.2	44.2	19.4	9.2	25.8
贵　州	80.1	22.1	23.2	11.2	6.6	16.9
云　南	75.5	20.8	23.6	11.0	5.9	14.3
西　藏	6.0	1.9	1.9	0.9	0.6	0.7
陕　西	60.1	11.5	28.2	10.0	3.7	6.7
甘　肃	42.1	11.5	17.3	5.7	2.2	5.5
青　海	11.5	2.9	3.6	1.5	1.0	2.5
宁　夏	12.1	3.3	4.3	1.4	0.8	2.3
新　疆	30.7	6.0	10.9	4.8	2.3	6.7

资料来源：民政部。

表11.25　2018年离婚情况

地　区	离婚（万对）	民政部门登记	内地居民	涉外及华侨港澳台居民（对）	法院部门办理（件）	离婚率（‰）
全　国	**446.1**	**381.2**	**380.5**	**7567**	**648600**	**3.2**
北　京	7.4	6.7	6.6	225	7509	3.4
天　津	6.4	6.1	6.1	77	3322	4.1
河　北	23.4	19.6	19.5	129	38970	3.1
山　西	8.8	7.1	7.1	44	16596	2.4
内蒙古	9.9	8.2	8.2	29	16694	3.9
辽　宁	17.2	15.2	15.2	268	20366	4.0
吉　林	12.9	12.0	11.9	124	9320	4.8
黑龙江	19.4	17.6	17.5	203	18165	5.1
上　海	5.9	5.2	5.1	392	7202	2.4
江　苏	28.5	24.6	24.5	288	39101	3.5
浙　江	15.4	13.0	12.9	370	24535	2.7
安　徽	24.4	21.1	21.1	188	33058	3.9
福　建	10.7	9.2	9.1	933	15347	2.7
江　西	12.5	10.7	10.7	141	17679	2.7
山　东	27.4	22.5	22.4	192	49973	2.7
河　南	32.6	28.7	28.7	117	39089	3.4
湖　北	20.1	17.7	17.7	196	23988	3.4
湖　南	21.3	18.2	18.1	280	31678	3.1
广　东	22.9	20.3	20.2	1390	25634	2.0
广　西	12.9	10.8	10.8	198	20648	2.6
海　南	2.0	1.7	1.7	61	2866	2.1
重　庆	15.3	13.6	13.6	151	17098	5.0
四　川	31.3	27.1	27.0	1045	42005	3.8
贵　州	15.2	12.1	12.1	71	31035	4.2
云　南	13.3	10.7	10.7	352	25854	2.8
西　藏	0.5	0.4	0.4		714	1.4
陕　西	12.8	10.0	10.0	66	28271	3.3
甘　肃	5.8	4.1	4.1	11	16936	2.2
青　海	1.7	1.2	1.2	5	4884	2.8
宁　夏	2.3	1.8	1.8	1	5185	3.3
新　疆	6.0	4.5	4.5	20	14878	2.4

资料来源：民政部。

表11.26 2018年社会组织和群众性自治组织中女性比重

单位：%

地　区	社会团体	民办非企业	基金会
全　国	**21.9**	**43.2**	**17.1**
中央本级	44.6	55.9	35.6
北　京	43.8	67.6	0.2
天　津	10.8	44.8	47.7
河　北	16.4	46.3	43.5
山　西	26.5	37.1	16.7
内蒙古	24.0	44.5	29.7
辽　宁	25.8	50.3	30.8
吉　林	23.9	34.9	33.3
黑龙江	26.8	42.8	80.7
上　海	15.4	15.8	8.8
江　苏	19.7	24.6	11.2
浙　江	13.3	50.6	19.4
安　徽	13.4	39.0	4.3
福　建	22.9	46.5	18.4
江　西	17.2	40.6	38.4
山　东	35.9	58.8	23.9
河　南	22.1	45.0	13.4
湖　北	18.4	46.3	18.3
湖　南	11.8	36.2	6.9
广　东	17.7	44.9	14.1
广　西	22.4	51.3	33.7
海　南	22.2	48.3	13.4
重　庆	21.4	58.3	30.7
四　川	33.3	45.7	48.9
贵　州	16.8	45.4	32.9
云　南	13.8	40.2	33.2
西　藏	33.6	34.9	25.7
陕　西	17.8	36.0	8.2
甘　肃	11.9	34.6	20.4
青　海	19.9	52.5	27.7
宁　夏	24.5	50.1	43.4
新　疆	35.1	38.0	43.4

资料来源：民政部。

表11.26 续

单位：%

地区	居委会成员	居委会主任	村委会成员	村委会主任
全国	**50.4**	**39.9**	**24.0**	**11.1**
北京	71.1	63.2	38.8	8.4
天津	71.1	62.9	24.8	5.5
河北	58.0	46.9	14.6	7.1
山西	55.2	39.4	34.0	7.2
内蒙古	65.0	61.3	24.7	8.7
辽宁	73.0	67.1	26.7	12.0
吉林	52.7	50.1	29.3	14.7
黑龙江	62.3	66.3	20.8	14.9
上海	64.9	64.6	35.2	33.2
江苏	43.5	36.7	23.1	16.8
浙江	51.6	39.2	26.3	5.3
安徽	46.3	33.8	25.9	15.0
福建	47.3	38.3	24.1	6.6
江西	42.8	37.4	22.9	23.1
山东	40.9	34.3	29.4	15.1
河南	43.3	33.2	19.3	11.5
湖北	51.1	38.6	27.1	8.8
湖南	42.5	28.1	28.4	11.0
广东	47.1	32.3	23.0	6.2
广西	50.8	37.0	23.4	7.6
海南	25.7	17.3	20.7	13.3
重庆	54.4	37.3	31.5	11.6
四川	39.7	30.7	24.9	15.1
贵州	40.5	27.2	19.9	9.5
云南	33.4	21.7	19.3	9.2
西藏	24.6	17.6	18.7	16.0
陕西	52.0	30.2	21.1	3.8
甘肃	45.3	41.6	15.8	12.0
青海	51.2	42.5	14.5	7.2
宁夏	83.1	67.5	27.0	6.6
新疆	46.2	30.7	21.2	10.5

资料来源：民政部。

表11.27　2018年R&D人员及性别构成

地　区	人数（人）	#女	性别构成(%)	
			男	女
全　国	**6571372**	**1760240**	**73.2**	**26.8**
北　京	397034	138376	65.1	34.9
天　津	160683	45392	71.8	28.2
河　北	168954	50039	70.4	29.6
山　西	75862	20957	72.4	27.6
内蒙古	41182	12710	69.1	30.9
辽　宁	153303	45703	70.2	29.8
吉　林	64190	25453	60.3	39.7
黑龙江	60736	22392	63.1	36.9
上　海	271223	78611	71.0	29.0
江　苏	794123	200280	74.8	25.2
浙　江	627330	156735	75.0	25.0
安　徽	232730	51810	77.7	22.3
福　建	243391	64964	73.3	26.7
江　西	122696	31887	74.0	26.0
山　东	509348	139574	72.6	27.4
河　南	256175	64258	74.9	25.1
湖　北	257427	64183	75.1	24.9
湖　南	234172	59448	74.6	25.4
广　东	1023101	233479	77.2	22.8
广　西	74996	24972	66.7	33.3
海　南	13487	5140	61.9	38.1
重　庆	151117	40236	73.4	26.6
四　川	254281	67556	73.4	26.6
贵　州	63689	16836	73.6	26.4
云　南	82222	26846	67.3	32.7
西　藏	2618	889	66.0	34.0
陕　西	141267	42152	70.2	29.8
甘　肃	38720	11462	70.4	29.6
青　海	7814	2644	66.2	33.8
宁　夏	19824	5787	70.8	29.2
新　疆	27677	9469	65.8	34.2

资料来源：国家统计局，《2019中国科技统计年鉴》。

表11.28 2017年教练员发展人数及性别构成

地区	人数（人）	#女	性别构成(%)	
			男	女
全国	5217	1450	72.2	27.8
北 京	314	107	65.9	34.1
天 津	61	13	78.7	21.3
河 北	43	14	67.4	32.6
山 西	87	26	70.1	29.9
内蒙古	112	18	83.9	16.1
辽 宁	63	15	76.2	23.8
吉 林	71	11	84.5	15.5
黑龙江	51	19	62.7	37.3
上 海	27	7	74.1	25.9
江 苏	847	245	71.1	28.9
浙 江	59	21	64.4	35.6
安 徽	33	8	75.8	24.2
福 建	180	59	67.2	32.8
江 西	59	18	69.5	30.5
山 东	966	289	70.1	29.9
河 南	636	164	74.2	25.8
湖 北	52	16	69.2	30.8
湖 南	74	25	66.2	33.8
广 东	329	98	70.2	29.8
广 西	129	35	72.9	27.1
海 南	57	13	77.2	22.8
重 庆	214	56	73.8	26.2
四 川	162	41	74.7	25.3
贵 州	49	14	71.4	28.6
云 南	60	25	58.3	41.7
西 藏	8		100.0	
陕 西	36	11	69.4	30.6
甘 肃	305	62	79.7	20.3
青 海	49	5		
宁 夏	6	1	83.3	16.7
新 疆	78	14	82.1	17.9

资料来源：国家体育总局。

表11.29 2018年律师人数及性别构成

地 区	人数（人）	#女	性别构成(%) 男	性别构成(%) 女
全 国	423758	152816	63.9	36.1
北 京	32218	14115	56.2	43.8
天 津	7365	3414	53.6	46.4
河 北	16671	6397	61.6	38.4
山 西	10225	4346	57.5	42.5
内蒙古	8053	3561	55.8	44.2
辽 宁	13616	5965	56.2	43.8
吉 林	5853	2219	62.1	37.9
黑龙江	6849	2743	60.0	40.0
上 海	23942	9478	60.4	39.6
江 苏	27035	8813	67.4	32.6
浙 江	21112	7540	64.3	35.7
安 徽	13495	3402	74.8	25.2
福 建	12265	4065	66.9	33.1
江 西	6972	1772	74.6	25.4
山 东	27227	9041	66.8	33.2
河 南	21670	6801	68.6	31.4
湖 北	14078	4389	68.8	31.2
湖 南	17243	5833	66.2	33.8
广 东	43753	16094	63.2	36.8
广 西	8416	2368	71.9	28.1
海 南	2786	1051	62.3	37.7
重 庆	10715	3685	65.6	34.4
四 川	23364	8303	64.5	35.5
贵 州	7711	2310	70.0	30.0
云 南	11045	4061	63.2	36.8
西 藏	345	143	58.6	41.4
陕 西	10119	3877	61.7	38.3
甘 肃	5185	1641	68.4	31.6
青 海	1184	422	64.4	35.6
宁 夏	2835	1239	56.3	43.7
新 疆	5053	2073	59.0	41.0
新疆兵团	596	232	61.1	38.9

资料来源：司法部。
注：全国律师人数中包括军队律师和司法部颁发执业证的中央单位、中央企业的公职律师、公司律师。

表11.30　2018年公证员人数及性别构成

地 区	人数（人）	#女	性别构成(%)	
			男	女
全　国	**13335**	**6612**	**50.4**	**49.6**
北　京	392	223	43.1	56.9
天　津	146	79	45.9	54.1
河　北	693	373	46.2	53.8
山　西	409	196	52.1	47.9
内蒙古	436	218	50.0	50.0
辽　宁	424	224	47.2	52.8
吉　林	376	182	51.6	48.4
黑龙江	412	213	48.3	51.7
上　海	409	219	46.5	53.5
江　苏	710	362	49.0	51.0
浙　江	511	245	52.1	47.9
安　徽	399	136	65.9	34.1
福　建	440	191	56.6	43.4
江　西	329	138	58.1	41.9
山　东	1032	491	52.4	47.6
河　南	711	349	50.9	49.1
湖　北	386	165	57.3	42.7
湖　南	394	203	48.5	51.5
广　东	862	430	50.1	49.9
广　西	278	132	52.5	47.5
海　南	83	33	60.2	39.8
重　庆	220	120	45.5	54.5
四　川	946	542	42.7	57.3
贵　州	269	108	59.9	40.1
云　南	648	306	52.8	47.2
西　藏	26	13	50.0	50.0
陕　西	459	218	52.5	47.5
甘　肃	239	106	55.6	44.4
青　海	138	62	55.1	44.9
宁　夏	132	86	34.8	65.2
新　疆	383	231	39.7	60.3
兵　团	43	18	58.1	41.9

资料来源：司法部。

表11.31 2018年法律援助机构数及获得法律援助的受援人数

地 区	机构数（个）	获得法律援助的受援人数（人次）	#女	#儿童
全 国	3389	1518603	360761	136232
北 京	17	32013	9371	1100
天 津	18	5730	1474	1346
河 北	186	65268	16106	4668
山 西	131	20569	5487	1815
内蒙古	116	35075	7418	1568
辽 宁	115	74563	17522	3412
吉 林	70	16388	3128	1284
黑龙江	157	20632	4128	1340
上 海	17	29643	5537	1832
江 苏	111	99267	29390	7803
浙 江	102	102513	25923	9759
安 徽	124	94414	20906	4784
福 建	95	42831	11101	5683
江 西	113	38177	10625	5780
山 东	156	108133	31177	6145
河 南	177	115903	24351	10420
湖 北	117	52268	11674	4099
湖 南	140	44810	10329	7159
广 东	153	158445	32541	12424
广 西	127	28415	6869	5776
海 南	27	18705	4723	2371
重 庆	41	36669	7137	4082
四 川	207	64586	13850	7694
贵 州	104	41165	9512	7171
云 南	146	47820	11469	7488
西 藏	82	2979	608	147
陕 西	116	44007	10293	2936
甘 肃	103	32927	7063	2300
青 海	55	9684	2598	670
宁 夏	110	17712	5169	1222
新 疆	110	14197	2746	1780
新疆兵团	19	3095	536	174

资料来源：司法部。
注：法律援助机构数全国数据包括中央单位。

表11.32　2018年少儿广播电视节目播出时间

单位：小时

地　　区	少儿广播	少儿电视	电视动画
全　　国	265774	573287	374485
中央广播电视总台	1341	9259	6865
其他部门所属单位		280	100
北　　京	2469	9605	7495
天　　津	147	8476	5515
河　　北	8955	13142	8005
山　　西	7333	24075	11444
内　蒙　古	8111	18904	7943
辽　　宁	13002	12773	7085
吉　　林	3932	3684	2602
黑　龙　江	4273	8178	6772
上　　海	1061	24466	14419
江　　苏	10261	20967	13430
浙　　江	10965	21789	20022
安　　徽	11205	12720	7565
福　　建	6020	19407	12878
江　　西	8312	15350	10720
山　　东	17268	34694	25043
河　　南	7530	16824	7516
湖　　北	9692	22175	15123
湖　　南	14243	34407	26442
广　　东	23759	42568	33097
广　　西	4717	12192	9277
海　　南	3023	9680	4890
重　　庆	2324	11005	8626
四　　川	21498	40217	21040
贵　　州	2053	11555	7972
云　　南	9336	24017	17940
西　　藏	13029	9012	4103
陕　　西	9396	16453	5455
甘　　肃	8274	16494	12761
青　　海	2958	7656	3775
宁　　夏	1703	10257	4728
新　　疆	17584	31008	23837

资料来源：国家广播电视总局统计资料。

表11.33 2018年农村集中式供水受益人口比重及人均水资源量

地 区	农村集中式供水受益人口比重（%）	人均水资源量（立方米）
全 国	**86.0**	**1971.8**
北 京	99.7	164.2
天 津	98.7	112.9
河 北	94.8	217.7
山 西	95.8	328.6
内 蒙 古	82.0	1823.0
辽 宁	80.1	539.4
吉 林	70.2	1775.3
黑 龙 江	91.8	2675.1
上 海		159.9
江 苏	99.0	470.6
浙 江	99.7	1520.4
安 徽	89.0	1328.9
福 建	91.1	1982.9
江 西	85.0	2479.2
山 东	85.5	342.4
河 南	87.0	354.6
湖 北	89.0	1450.2
湖 南	87.0	1952.0
广 东	92.0	1683.4
广 西	83.0	3732.5
海 南	99.0	4495.7
重 庆	87.0	1697.2
四 川	81.0	3548.2
贵 州	85.0	2726.2
云 南	86.0	4582.3
西 藏	82.0	136804.7
陕 西	94.0	964.8
甘 肃	90.0	1266.6
青 海	76.4	16018.3
宁 夏	97.5	214.6
新 疆	81.8	3482.6
新疆兵团	100.0	

资料来源：水利部。

表11.34　2018年公共图书馆基本情况

地区	个数（个）	少儿文献（万册）	少儿阅览室坐席数（个）	少儿图书馆 个数(个)	少儿图书馆 总藏量(万册)
全　国	3176	11465.8	270865	123	4635.1
中　央	1	8.0	300		
北　京	23	346.0	3440	3	76.2
天　津	29	255.5	3311	9	320.0
河　北	173	269.5	9169	1	39.8
山　西	128	166.0	7228	1	22.1
内蒙古	117	140.4	7319	2	21.5
辽　宁	130	535.1	8031	16	479.6
吉　林	66	219.2	4266	5	615.5
黑龙江	109	163.5	6968	1	4.9
上　海	23	371.6	4933	4	191.1
江　苏	116	1043.9	18021	7	175.4
浙　江	103	1286.8	18734	5	411.5
安　徽	126	367.0	11561	13	130.9
福　建	91	656.9	10836	6	213.1
江　西	113	263.9	11261		
山　东	154	617.8	14578	1	62.6
河　南	160	392.1	14317	8	162.0
湖　北	115	395.0	10385	4	136.2
湖　南	140	458.0	12745	8	220.6
广　东	143	1784.3	22948	5	685.2
广　西	116	261.6	10040	3	132.3
海　南	24	51.5	1966	1	8.3
重　庆	43	250.6	7519	2	145.3
四　川	204	392.0	13602	1	8.6
贵　州	98	110.9	5980	2	16.0
云　南	151	163.0	7715	4	79.4
西　藏	81	10.9	468	1	17.0
陕　西	111	143.2	6264	3	31.9
甘　肃	103	118.9	6586	6	52.4
青　海	51	27.6	1062	1	175.7
宁　夏	27	81.2	1963		
新　疆	107	114.1	7349		

资料来源：文化和旅游部。

表11.35　2018年全国文化馆、博物馆个数及未成年人参观情况

地　区	文化馆 个数（个）	文化馆 为未成年人组织专场（次）	博物馆 个数（个）	博物馆 未成年人参观人次（万人次）
全　国	3326	38481	4918	26965.6
中　央			3	299.0
北　京	20	186	82	360.7
天　津	17	349	65	289.0
河　北	180	1633	134	1007.5
山　西	130	892	152	628.8
内蒙古	120	1189	109	417.1
辽　宁	125	1250	65	391.4
吉　林	79	627	107	352.6
黑龙江	149	2482	191	607.0
上　海	25	2215	100	621.2
江　苏	115	2064	329	2185.0
浙　江	101	3016	337	2034.3
安　徽	122	1596	201	965.4
福　建	97	675	128	1072.0
江　西	118	991	144	1314.6
山　东	157	3808	517	2307.8
河　南	204	2072	334	1841.6
湖　北	125	1696	200	1087.3
湖　南	145	1482	121	1666.9
广　东	145	1212	184	1447.7
广　西	124	1106	131	456.8
海　南	23	109	19	60.5
重　庆	41	693	100	866.9
四　川	207	1672	252	1687.2
贵　州	99	666	91	320.6
云　南	149	1077	137	586.4
西　藏	82	160	7	2.0
陕　西	123	1038	294	929.8
甘　肃	103	765	215	806.0
青　海	55	504	24	39.2
宁　夏	27	667	54	132.9
新　疆	119	589	91	180.6

资料来源：文化和旅游部。

表11.36　2018年全国妇女之家及儿童之家个数

单位：个

地　区	妇女之家	儿童之家
全　国	**739729**	**227157**
中　央	1	
北　京	8856	2145
天　津	5600	1775
河　北	55578	13370
山　西	35879	3143
内蒙古	15845	1323
辽　宁	20529	3741
吉　林	13172	7031
黑龙江	13557	2717
上　海	7811	287
江　苏	23615	20035
浙　江	45980	23162
安　徽	20211	13827
福　建	20027	3590
江　西	21758	6486
山　东	78226	7841
河　南	56077	10475
湖　北	30772	8799
湖　南	32840	15282
广　东	27450	19722
广　西	17646	7102
海　南	3791	1168
重　庆	13469	10503
四　川	58744	27907
贵　州	19980	4399
云　南	18111	3432
西　藏	6550	374
陕　西	21808	1002
甘　肃	19128	2676
青　海	5793	427
宁　夏	3687	1146
新　疆	14482	2098
新疆兵团	2756	172

资料来源：全国妇联。

表11.37　2018年各级表彰或揭晓的五好家庭、三八红旗手和"最美家庭"数

地　区	五好家庭（个）	三八红旗手（人）	最美家庭（个）
全　国	**118979**	**68755**	**1804898**
中　央	1000	299	1000
北　京	1623	920	56260
天　津	221	1373	6244
河　北	6800	6426	129199
山　西	229	1143	48376
内蒙古	2158	1604	42177
辽　宁	3449	2168	55330
吉　林	1375	1107	28334
黑龙江	6082	2556	24381
上　海	593	904	14433
江　苏	6301	3676	130487
浙　江	6751	715	127071
安　徽	4985	3688	73415
福　建	2074	2255	30152
江　西	3811	1998	56261
山　东	15887	10308	198576
河　南	9171	8897	142122
湖　北	4867	2522	90991
湖　南	5533	1423	93350
广　东	4410	1731	31310
广　西	3349	1182	11448
海　南	59	242	1507
重　庆	3728	564	57994
四　川	9278	2631	123956
贵　州	1837	1872	28476
云　南	3660	714	17463
西　藏	449	476	508
陕　西	2256	1172	40173
甘　肃	2245	749	53014
青　海	2371	306	4122
宁　夏	352	290	6643
新　疆	1507	1584	76656
新疆兵团	568	1260	3469

资料来源：全国妇联。

表11.38　2018年全国已办理证件残疾人人数及性别构成

地区	人数（人）	#女	性别构成(%)	
			男	女
全　国	35661962	14767271	58.6	41.4
北　京	525941	242201	53.9	46.1
天　津	337043	149366	55.7	44.3
河　北	1891286	783262	58.6	41.4
山　西	964079	369942	61.6	38.4
内蒙古	819796	332468	59.4	40.6
辽　宁	1058225	408626	61.4	38.6
吉　林	850639	338280	60.2	39.8
黑龙江	1117992	427444	61.8	38.2
上　海	564945	273640	51.6	48.4
江　苏	1624718	725909	55.3	44.7
浙　江	1269003	530324	58.2	41.8
安　徽	1779266	772992	56.6	43.4
福　建	924869	396295	57.2	42.8
江　西	1118003	435781	61.0	39.0
山　东	2263445	903479	60.1	39.9
河　南	2738316	1163896	57.5	42.5
湖　北	1534589	630220	58.9	41.1
湖　南	1726675	669520	61.2	38.8
广　东	1544414	633441	59.0	41.0
广　西	1352610	584914	56.8	43.2
海　南	178425	73993	58.5	41.5
重　庆	876701	349432	60.1	39.9
四　川	2750518	1146268	58.3	41.7
贵　州	1215661	466780	61.6	38.4
云　南	1393353	565242	59.4	40.6
西　藏	103004	49668	51.8	48.2
陕　西	1357022	595305	56.1	43.9
甘　肃	783949	329267	58.0	42.0
青　海	180506	78768	56.4	43.6
宁　夏	235723	105732	55.1	44.9
新　疆	581246	234816	59.6	40.4

资料来源：中国残疾人联合会。

表11.39 2018年接受残疾人事业专项彩票公益金助学项目资助的3—5岁人数

地 区	人数（人）	#女	性别构成(%)	
			男	女
全 国	17216	6288	63.5	36.5
北 京	6	3	50.0	50.0
天 津				
河 北	914	319	65.1	34.9
山 西	793	311	60.8	39.2
内蒙古	214	86	59.8	40.2
辽 宁	1082	335	69.0	31.0
吉 林	204	54	73.5	26.5
黑龙江	326	90	72.4	27.6
上 海				
江 苏	586	238	59.4	40.6
浙 江	433	139	67.9	32.1
安 徽	871	348	60.0	40.0
福 建	420	159	62.1	37.9
江 西	525	145	72.4	27.6
山 东	957	335	65.0	35.0
河 南	1536	605	60.6	39.4
湖 北	682	232	66.0	34.0
湖 南	995	335	66.3	33.7
广 东	1255	431	65.7	34.3
广 西	1266	423	66.6	33.4
海 南	368	140	62.0	38.0
重 庆	373	142	61.9	38.1
四 川	311	132	57.6	42.4
贵 州	584	232	60.3	39.7
云 南	465	182	60.9	39.1
西 藏	102	46	54.9	45.1
陕 西	131	49	62.6	37.4
甘 肃	1137	491	56.8	43.2
青 海	205	90	56.1	43.9
宁 夏	250	107	57.2	42.8
新 疆	225	89	60.4	39.6

资料来源：中国残疾人联合会。

表11.40 2018年接受助学项目资助的3-5岁儿童残疾类别

单位：人

地区	视力残疾	听力残疾	言语残疾	肢体残疾	智力残疾	精神残疾	多重残疾
全 国	332	3225	830	3234	5395	1723	2477
北 京					3		3
天 津							
河 北	6	169	33	47	372	136	151
山 西	4	206	35	104	255	52	137
内蒙古	5	31	14	75	44	27	18
辽 宁	10	169	52	128	310	282	131
吉 林		1	2	30	69	81	21
黑龙江		40	2	16	115	117	36
上 海							
江 苏	31	109	19	132	157	76	62
浙 江	12	117	7	74	137	35	51
安 徽	18	236	19	174	222	95	107
福 建	18	78	23	119	122	18	42
江 西	3	94	12	53	202	69	92
山 东	7	192	19	219	279	95	146
河 南	32	314	89	325	545	65	166
湖 北	10	104	59	92	279	63	75
湖 南	7	150	66	113	459	68	132
广 东	23	191	78	316	327	122	198
广 西	10	290	61	123	451	84	247
海 南	9	63	13	74	101	79	29
重 庆	6	43	34	46	185	15	44
四 川	7	59	17	49	108	12	59
贵 州	31	66	51	202	92	46	96
云 南	18	107	35	104	125	8	68
西 藏	11	11	16	31	8	2	23
陕 西	1	28	5	32	38	8	19
甘 肃	28	202	44	350	208	48	257
青 海	8	46	8	80	51		12
宁 夏	11	33	8	90	69	16	23
新 疆	6	76	9	36	62	4	32

资料来源：中国残疾人联合会。

附：主要统计指标解释

人口数 指一定时点、一定地区范围内有生命的个人总和。年度统计的年末人口数指每年12月31日24时的人口数。

出生率 指在一定时期内（通常为一年）一定地区的出生人数与同期内平均人数（或期中人数）之比，用千分率表示。计算公式为：

出生率 = 年出生人数 / 年平均人数 ×1000‰

死亡率 指在一定时期内（通常为一年）一定地区的死亡人数与同期内平均人数（或期中人数）之比，用千分率表示。计算公式为：

死亡率 = 年死亡人数 / 年平均人数 ×1000‰

人口自然增长率 指在一定时期内（通常为一年）人口自然增加数（出生人数减死亡人数）与该时期内平均人数（或其中人数）之比，用千分率表示。计算公式为：

人口自然增长率 =（本年出生人数 - 本年死亡人数）/ 年平均人数 ×1000‰
　　　　　　　 = 人口出生率 - 人口死亡率

总人口性别比 总人口中男性与女性人口之比（以女性人口为100）。

总抚养比 也称总负担系数。指人口总体中非劳动年龄人口数与劳动年龄人口数之比。通常用百分比表示。说明每100名劳动年龄人口大致要负担多少名非劳动年龄人口。用于从人口角度反映人口与经济发展的基本关系。计算公式为：

总抚养比 =（0-14岁人口数 +65岁及以上人口）/15-64岁人口数 ×100%

老年人口抚养比 也称老年人口抚养系数。指某一人口中老年人口数与劳动年龄人口数之比。通常用百分比表示。用以表明每100名劳动年龄人口要负担多少名老年人。老年人口抚养比是从经济角度反映人口老化社会后果的指标之一。计算公式为：

老年人口抚养比 =65岁及以上人口 /15-64岁人口数 ×100%

少年儿童抚养比 也称少年儿童抚养系数。指某一人口中少年儿童人口数与劳动年龄人口数之比。通常用百分比表示。以反映每100名劳动年龄人口要负担多少名少年儿童。计算公式为：

少儿抚养比 =0-14岁人口数 /15-64岁人口数 ×100%

人均地区生产总值 指一个国家或地区在一定时期内全部人口平均计算的国内生产总值，它可粗略的反映各个国家和地区经济水平的高低。

国家财政性教育经费 包括一般公共预算安排的教育经费，政府性基金预算安排的教育经费，企业办学中的企业拨款，校办产业和社会服务收入用于教育的经费，其他属于国家财政性教育经费。

卫生总费用　　指一个国家或地区在一定时期内，为开展卫生服务活动从全社会筹集的卫生资源的货币总额，按来源法核算。它反映一定经济条件下，政府、社会和居民个人对卫生保健的重视程度和费用负担水平，以及卫生筹资模式的主要特征和卫生筹资的公平性合理性。

新生儿死亡率　　指年内新生儿死亡数与活产数之比，一般以千分率表示。新生儿死亡数指出生至 28 天内（即 0-27 天）死亡人数。活产数指年内妊娠满 28 周及以上（如妊娠周不清楚，可参考出生体重达 1000g 及以上），娩出后有心跳、呼吸、脐带博动、随意肌收缩 4 项生命体征之一的新生儿数。

婴儿死亡率　　指年内未满周岁死亡的婴儿数与活产数之比，一般以千分率表示。

5 岁以下儿童死亡率　　指年内未满 5 岁儿童死亡人数与活产数之比，一般以千分率表示。

孕产妇死亡率　　指年内每 10 万例活产中孕产妇的死亡人数。孕产妇死亡指从妊娠至产后 42 天内，由于任何妊娠或妊娠处理有关的原因导致的死亡，但不包括意外原因死亡者。

新法接生率　　指年内住院分娩和非住院分娩新法接生人数之和与活产数之比。一般用百分率表示。新法接生指产包、接生者的手、产妇的外阴部、脐带四消毒，并由医生、助产士和受过培训并取得"家庭接生人员合格证"的初级卫生人员和接生员接生。

住院分娩率　　指年内在取得助产技术资质的机构分娩的活产数与所有活产数之比，一般用百分比表示。

妇女病检查率　　指年内实际进行妇女病普查人数与 20-64 岁妇女数之比，一般用百分比表示。

查出妇女病率　　指年内查出进行妇女病普查时查出的妇科病患病人数与实查人数之比，一般用百分比表示。

孕产妇建卡率　　指年内孕产妇中由保健人员建立的保健卡（册）人数与活产数之比，一般用百分比表示。

产前检查率　　指年内产前接受过 1 次及以上产前检查的产妇人数与活产数之比，一般用百分比表示。

产后访视率　　指年内接受过 1 次及以上产后访视的产妇人数与活产数之比，一般用百分比表示。

孕产妇系统管理率　　指年内孕产妇系统管理人数与活产数之比。一般用百分率表示。孕产妇系统管理人数指按系统管理程序要求，妊娠至产后 28 天内接受过早孕检查、至少 5 次产前检查、新法接生和产后访视的产妇人数。

低出生体重发生率 指年内出生体重低于2500克的婴儿数与活产数之比，一般用百分比表示。

新生儿访视率 指接受1次及以上访视的新生儿人数与活产数之比，一般用百分比表示。

5岁以下儿童中重度营养不良比重 包括低体重患病率和发育迟缓患病率两个指标。本资料指低体重患病率，即对照世界卫生组织各年龄段体重标准，5岁以下儿童体重低于同龄标准人群中位数减2个标准差的人数占5岁以下体检儿童总数的百分比。

3岁以下儿童系统管理率 指年内3岁以下儿童系统管理人数与当地3岁以下儿童数之比，一般用百分比表示。3岁以下儿童系统管理是指3岁以下儿童按年龄接受生长监测或4:2:1（城市）或3:2:1（农村）体格检查（身高和体重）的人数。新生儿访视时的体检次数不包括在内。

7岁以下儿童保健管理率 指7岁以下儿童保健覆盖人数与7岁以下儿童数之比，一般用百分比表示。7岁以下儿童保健覆盖人数指7岁以下儿童中当年实际接受1次及以上体格检查（身高和体重）的人数。

卡介苗、脊灰疫苗、百白破疫苗、含麻疹成分疫苗、乙肝疫苗、甲肝疫苗、乙脑疫苗、流脑疫苗接种率 接种率指按照儿童免疫程序实际接种某疫苗人数占应接种人数的百分比。应接种人数指在某时间范围内，所辖地域范围内达到免疫程序规定应接受某疫苗接种的适龄儿童人数。实种人数指某时间段内，某地域范围内某种疫苗应接种人数中实际接种人数。计算公式为：

单项疫苗接种率 = 单项疫苗实种人数 / 单项疫苗应接种人数 ×100%

婚前医学检查率 指年内进行婚前医学检查人数与应查人数之比，一般用百分比表示。

已婚育龄妇女避孕率 指某一时点已婚育龄妇女中采取各种避孕措施的人数占已婚育龄妇女总人数的比率。它可以综合考察已婚育龄妇女实行计划生育的程度。

特殊教育 指独立设置的招收盲聋哑等残疾儿童，以及其他特殊需要的儿童和青少年进行普通或职业初中，中等教育的教学。

学前教育毛入园率 指学前教育在园（班）幼儿数占3-5岁年龄组人口数（个别地区为4-6岁年龄组人口数）的百分比。

小学学龄儿童净入学率 指调查范围内已入小学学习的学龄儿童占校内外学龄儿童总数的比重。

初中阶段毛入学率 指初中阶段在校生总数占国家规定初中阶段年龄组人口数的百分比。

九年义务教育巩固率 指初中毕业班学生数占该年级入小学一年级时学生数的百分比。根据教育部门有关统计资料推算。计算公式为：

九年义务教育巩固率＝初中毕业班学生数／该年级入小学一年级人数×100%

高中阶段毛入学率 指高中阶段（包括普通高中、成人高中、中等职业学校）在校学生总数占15-17岁学龄组人口数的比重，一般以百分比表示。

高等教育毛入学率 指高等教育（包括国家承认学历的各类高等教育：研究生、普通高校本专科、成人本专科、高等学历文凭考试专科、网络教育本专科、自学考试本专科、军事院校本专科等）在校学生总数与18-22岁年龄组人口数的比重，一般以百分比表示。

未按规定接受或完成义务教育 指未上过学、仅小学毕业或肄业、小学辍学和初中辍学人群。

单位就业人员 指报告期末最后一日在本单位工作，并取得工资或其他形式劳动报酬的人员数。该指标为时点指标，不包括最后一日当天及以前已经与单位解除劳动合同关系的人员，是在岗职工、劳务派遣人员及其他就业人员之和。

城镇登记失业人员 指有非农业户口，在一定的劳动年龄内（16周岁至退休年龄），有劳动能力，无业而要求就业，并在当地劳动保障部门进行失业登记的人员。

城镇登记失业率 城镇登记失业人员与城镇单位就业人员（扣除使用的农村劳动力、聘用的离退休人员、港澳台及外方人员）、城镇单位中的不在岗职工、城镇私营业主、个体户主、城镇私营企业和个体就业人员、城镇登记失业人员之和的比。

城镇职工基本养老保险参保人数 指报告期末按国家有关法律、法规和有关政策规定参加城镇基本养老保险，并在社保经办机构已建立缴费记录档案的职工人数（包括中断缴费但未终止养老保险关系的职工人数，不包括只登记未建立缴费纪录档案的人数）和离休、退休和退职人员的人数。

城镇职工基本医疗保险参保人数 指报告期末参加城镇职工基本医疗保险（实施统帐结合和单建统筹基金）的在职职工人数和退休职工人数的合计。

城乡居民基本养老保险参保人数 指报告期末，参加新农保、城居保或城乡居民养老保险（在经办机构参保登记并已建立缴费记录以及制度实施当年已经年满60周岁并在经办机构参保登记）的总人数（不包括参保缴费期间死亡人员和领取待遇期间死亡人员）。

失业保险参保人数 指报告期末按照国家法律、法规和有关政策规定参加了失业保险的城镇企业、事业单位的职工及地方政府规定参加了失业保险的其他人员的人数。

工伤保险参保人数 指报告期末依据国家有关规定参加工伤保险的职工人数和有雇工的个体工商户的雇工数。

生育保险参保人数　　指报告期末依照有关规定参加生育保险的人数。

执行《女职工劳动保护特别规定》的企业比重　　指在被调查的企业中执行了女职工"四期劳动保护"和女职工禁忌从事劳动范围规定的企业数占被调查企业总数的比重，一般以百分比表示。女职工包括所有从事体力劳动和脑力劳动的已婚、未婚的女性职工。女职工"四期劳动保护"是指《劳动法》和《女职工劳动保护特别规定》中对女职工经期、孕期、产期、哺乳期有关劳动权利、劳动强度和享受待遇等各项规定。女职工禁忌从事的劳动范围是指《女职工劳动保护特别规定》附录中的各项明确规定。

城市居民最低生活保障人数　　指在报告期末共同生活的家庭成员人均收入低于当地最低生活保障标准，且家庭财产状况符合相关规定的城镇居民，并已发放补助经费的人数。

农村居民最低生活保障人数　　指报告期末共同生活的家庭成员人均收入低于当地最低生活保障标准，得到当地政府给予最低生活保障待遇的农业人口家庭人数。

农村特困人员　　指无劳动能力、无生活来源、无法定赡养、抚养、扶养义务人或者其法定义务人无履行义务能力的农村老年人、残疾人以及未满16周岁的未成年人被依法纳入特困人员救助供养范围、享受供养待遇的人员。

提供住宿的民政服务机构数　　能为老年人、残疾人、智障与精神病人、儿童等人员提供住宿的社会服务机构数。包括城市养老服务机构、农村养老服务机构、社会福利院、社会福利医院、儿童福利院、未成年人救助保护中心、生活无着人员救助管理站、安置农场、其他收养机构。

儿童收养救助机构数　　为儿童提供收养救助服务的机构数，包括儿童福利机构和未成年人救助保护中心。

结婚率　　指某地区报告期内（通常为一年）符合《婚姻法》要求，在民政部门登记并领取《结婚证》的人数占该地区报告期内平均人口的比值，一般以千分率表示。计算公式为：

结婚率 = 报告期内登记结婚对数 / 报告期内平均人口 ×1000‰

离婚率　　指某地区当年离婚对数占该地区年内平均人口的比重，一般以千分率表示。计算方法为：

离婚率 = 报告期内离婚对数 / 报告期内平均人口 ×1000‰

基层组织中持有证书的专业社会工作者人数　　指在基层群众自治组织中参加全国统一助理社会工作师、社会工作师职业水平考试合格，并获得由人社部统一印制、人社部和民政部共同用印的《中华人民共和国社会工作者职业水平证书》的人员数。

残疾儿童接受康复训练与服务人数　　指某地区年内，残疾儿童接受康复训练和服务的人数。康复训练和服务内容包括：新收训聋儿 / 在训聋儿、脑瘫儿童系统康复训练、肢体残疾儿童社区和家庭康复训练、贫困肢体残疾儿童矫治手术、智力残疾儿童系统康复训练、智力残疾儿童社区和家庭康复训练、孤独症儿童康复训练。

企业董事会中女职工董事占职工董事比重 指企业董事会中女职工董事占全部职工董事的比重。职工董事是指依照《中华人民共和国公司法》，通过职工代表大会或者其他形式民主选举产生，作为公司董事会正式成员进入公司董事会，代表职工行使决策权利的职工代表。

企业监事会中女职工监事占职工监事比重 指企业监事会中女职工监事占全部职工监事的比重。职工监事是指依照《中华人民共和国公司法》，通过职工代表大会或者其他形式民主选举产生，作为公司监事会正式成员进入公司监事会，代表职工行使决策权利的职工代表。

村（居）民委员会成员中女性比重 指女性村（居）民委员会成员占全部村（居）民委员会成员的比重，一般以百分比表示。包括主任、副主任和委员（专职人员和兼职人员）。

专业技术人员 指在专业技术岗位工作的或在管理岗位上工作具有专业技术职务（资格）的人员。

专业技术职务分类 包括以下四类：

1. **高级职务** 指高级工程师、农业推广研究员，高级农艺师，研究员、副研究员，主任医师、副主任医师，高等院校教授、副教授、中专（中技）学校高级讲师、中学高级教师，高级经济师，高级会计师，高级统计师，译审、副译审，研究馆员、副研究馆员，编审、副编审，高级记者、主任记者，一级、二级律师，一级、二级公证员，播音指导、主任播音员，高级工艺美术师，国家级教练、高级教练，一级、二级艺术人员，高级政工师。

2. **正高级职务** 指农业推广研究员，研究员，主任医师，高等院校教授，译审，研究馆员，编审、高级记者，一级律师、一级公证员，播音指导，国家级教练，一级艺术人员。

3. **中级职务** 指工程师，农艺师，助理研究员，主治医师，高等院校讲师、中专（中技）学校讲师、中学一级教师，小学高级教师，经济师，会计师，统计师，翻译，馆员，编辑记者、一级校对，三级律师、三级公证员，一级播音员，工艺美术师，一级教练，三级艺术人员，政工师。

4. **初级职务** 指助理工程师、技术员，助理农艺师、技术员，研究实习员、实验员，医（护）师（士），助教，助理经济师、经济员，助理会计师、会计员，助理统计师、统计员，助理翻译，助理馆员，管理员，助理编辑记者、二、三级校对，四级律师、公证员助理，二、三级播音员，助理工艺美术师、美术员，二、三级教练，四级艺术人员，助理政工师、政工员。

研究与试验发展 即R&D，指在科学技术领域，为增加知识总量、以及运用这些知识去创造新的应用而进行的系统的、创造性的活动，包括基础研究、应用研究、试验发展三类活动。国际上通常采用 R&D 活动的规模和强度指标反映一国的科技实力和核心竞争力。

R&D 人员　　指参与研究与试验发展项目研究、管理和辅助工作的人员，包括项目（课题）组人员，企业科技行政管理人员和直接为项目（课题）活动提供服务的辅助人员。反映投入从事拥有自主知识产权的研究开发活动的人力规模。

全国学会理事会理事　　指经会员代表大会选举产生的全国学会理事。

表彰奖励科技人员　　指本单位正式行文表彰（含命名）的，在科技工作中有特殊贡献的科技人员。一般的表扬鼓励和专门针对本单位工作人员的表彰奖励不统计在内。统计范围：中国科协、省级科协、计划单列市科协、省会城市科协、全国学会和省级学会。

破获强奸案件数　　指某地区一定时间（通常为一年）内，公安机关破获的强奸案件数。强奸案件指违背妇女意愿，使用暴力、胁迫或者其他手段，强行与妇女发生性关系的案件。

破获拐卖妇女／儿童案件数　　指某地区一定时间（通常为一年）内，公安机关破获拐卖妇女／儿童案件数。拐卖妇女／儿童案件指以出卖为目的，拐骗、收买、贩卖、接送、中转妇女／儿童的案件。

破获组织、强迫、引诱、容留、介绍妇女卖淫案件数　　指某地区一定时间（通常为一年）内，公安机关破获组织、强迫、引诱、容留、介绍妇女卖淫案件的起数。

刑事犯罪受害人性别构成　　指某地区一定时间（通常为一年）内，遭受刑事犯罪直接受害的人中男女各占全部直接受害人的比重。一般用百分比表示。

青少年作案成员占全部作案人员的比重　　指某地区一定时间（通常为一年）内，在公安机关抓获的全部刑事案件作案成员中，14-25 岁作案成员所占的比重。

建立少年法庭数　　指人民法院为维护未成年人合法权益，矫正、预防未成年人犯罪，建立的少年法庭。包括审理未成年人刑事案件、民事案件的合议庭和少年审判庭。

城市污水处理率　　指城市污水处理量与城市污水排放总量的比率，一般以百分比表示。

城市生活垃圾无害化处理率　　指报告期生活垃圾无害化处理量与生活垃圾产生量的比率，一般以百分比表示。在统计上，由于生活垃圾产生量不易取得，一般用清运量代替。

农村集中式供水受益人口比重　　指农村集中式供水人口与农村人口的比例。集中式供水指自水源中取水，通过输配水管网送到用户或者公共取水点的供水方式，包括自建设施供水。为用户提供日常饮用水的供水站和为公共场所、居民社区提供的分质供水也属于集中式供水。农村集中式供水人口统计范围为集中供水人口大于等于 20 人，且有输配水管网的农村供水工程受益人口。农村人口指乡镇（不含县城城区）、村庄、国有农场和林场，以及新疆生产建设兵团的团场和连队的农业户籍人口，包括经常在家或一年内在家居住 6 个月以上，而且经济和生活与本户连成一体的人口。

公共图书馆少儿阅览室坐席数 指公共图书馆中专门提供给少年儿童使用的座位数。

少儿图书馆总藏量 指少儿图书馆中已编目的图书、期刊和报纸的合订本、小册子、手稿，以及缩微制品、录像带、录音带、光盘等试听文献资料的数量之和。

少儿图书馆 指为 18 岁以下少年儿童提供服务的图书馆。

文化馆组织未成年人活动专场 指文化馆本馆或与外机构联合专门为 18 岁以下少年儿童、家长和少儿工作者举办的各种文艺演出等活动专场。

未成年人参观博物馆人次 指接待有组织的集体参观人次与零散观众中能够确切统计的未成年人参观人次的总和。

少儿广播 / 电视节目播出时间 指广播电视播出机构全年面向少年儿童播出的广播 / 电视节目时间，包括少儿频率（频道）和少儿栏目的节目播出时间，含节目重复播出时间。